BEATRICE AEPLI

BEEREN

Vom Garten in die Küche

pronto

in der Edition Fona GmbH, CH-5600 Lenzburg
www.fona.ch
Gestaltung Umschlag: Monika Baumgartner, Zürich
Gestaltung Inhalt: Dora Eichenberger-Hirter, Birrwil
Druck und Bindung: Stalling, Oldenburg
ISBN 3-03780-657-5

Eisspezialitäten

Getränke

Einmachen

Wo nicht anders vermerkt, sind die Rezepte für 4 Personen berechnet.

Verwendete Abkürzungen

EL = gestrichener Esslöffel
TL = gestrichener Teelöffel
dl = Deziliter
ml = Milliliter
Msp = Messerspitze

Eines der schönsten Geschenke der Natur an den Menschen sind zweifelsohne die Beeren. Rot oder dunkelrot und in voller Reife zuckersüß, verführen sie uns zur Erntezeit immer wieder zum Naschen.

Meine Erinnerungen an meine Oma sind eng mit der Beerenwelt verbunden. Waren die Früchte reif und ich weilte gerade bei ihr zu Besuch, stand sie schon bald mit der großen, mir mittlerweile so vertrauten Schüssel in der guten Stube und bat mich, im Garten reichlich schöne Beeren für das Dessert pflücken zu gehen.

Noch heute bin ich der festen Überzeugung, daß Oma sehr wohl wußte, wie ich meine Zeit im Garten vertrieb: ich konnte diesen zuckersüßen Beeren nicht widerstehen und steckte sie vor allem in den Mund, und die Schüssel wollte und wollte sich nicht füllen. Oma schien die nur spärlich gefüllte Schüssel nicht aus der Ruhe zu bringen. Sie verschwand mit ihr in der Küche und kehrte alsbald mit den üppigsten und schönsten Beerentellern, garniert mit viel geschlagener Sahne, zurück . . .

Erst vor kurzem verriet mir mein Bruder, wie er einmal früh am Morgen – wenn wir Kinder normalerweise noch schliefen – beobachten konnte, wie unsere Oma im Garten Beeren pflückte. Sie kannte ihre Pappenheimer . . .

Die Liebe zu den Beeren hat mir meine Oma zeitlebens vorgelebt. Ich bin ihr dafür sehr dankbar. Es gibt für mich auch heute noch nichts Schöneres, als in meinem Garten diese zuckersüßen, kleinen Früchte zu naschen. Und was übrig bleibt, wird in Form von feinen Marmeladen, Gelees und Fruchtsaft zum «Souvenir» für die beerenlose Zeit. Auf meine Gäste warten fruchtige Müsli, eisgekühlte Sorbets, festliche Torten und verführerische Cremes. Es wäre schön, wenn Sie sich von meinem «Beerenfieber» anstecken ließen.

Beatrice Aepli

BEEREN

Erdbeeren, Himbeeren und auch Brombeeren zählen unter ihresgleichen zu den «verletzlichen» Früchten, fehlt ihnen doch eine feste Haut. Anders zum Beispiel die Johannisbeeren, Stachelbeeren und Heidelbeeren, die mit ihrer "zähen" Haut gegen äußere Einflüsse weit besser gewappnet sind. Grundsätzlich kann gesagt werden: Je «zerbrechlicher» die Beere, desto mehr Sorgfalt braucht es beim Pflücken und Lagern. Und je reifer die Frucht, desto schneller muß sie konsumiert oder verwertet werden. Ausreifen lassen lohnt sich aber in jedem Fall, entwickeln doch die Beeren das typische, fruchtige Aroma nur in reifem Zustand. Gut ausgereifte Beeren erfreuen mit ihren satten Farben nicht nur das Auge, sie schmeicheln mit ihrem Aroma und der natürlichen Süße auch dem Gaumen. Ob für feine Desserts, erfrischende Drinks, kühlendes Eis, aromatische Marmeladen und Gelees . . . oder vom Strauch in den Mund, reife Beeren sind der Inbegriff sonniger Tage.

Brombeeren

Obwohl die Brombeere auch in Hausgärten gezogen wird, ist sie als Wildpflanze weit verbreiteter. Mit ihrer anspruchslosen Art an Boden und Umgebung gedeiht die Pflanze fast überall. Früchte trägt sie aber nur, wenn sie ausreichend Sonne bekommt. Die Pflanze hat die Fähigkeit, innerhalb einer Vegetationsperiode meterlange Ranken zu bilden, die rasch in ein Gestrüpp «ausarten» können. Wildwachsende Brombeeren können zuweilen eine echte Plage sein, denn haben sie einmal Wurzeln geschlagen, ist ihnen kaum mehr beizukommen. Die aromatischen Beeren können je nach Standort und Wetter ab Juli bis in den Oktober geerntet werden.

Erdbeeren

Was hat man nur mit unseren aromatischen Erdbeeren gemacht? Fast das ganze Jahr sind sie im Handel erhältlich. Allerdings, außerhalb der Saison und in unreifem Zustand gepflückt, schmecken sie - ja, schmecken sie denn überhaupt noch nach etwas? Ein Schluck Wasser ist oft aromatischer. Im eigenen Garten gezogen und gut ausgereift gepflückt, entpuppen sich die Erdbeeren als wahre Aromabomben. Große und kleine Kinder können es kaum erwarten, um die erste Schüssel sonnengereifter Erdbeeren zu sitzen und eine Frucht nach der andern genüßlich «verschwinden» zu lassen. Apropos Beerensaison: die Erdbeeren eröffnen den «Beerenreigen». Geerntet werden können sie je nach Standort und Sorte von Anfang Juni bis Ende Juli; Monats-Erdbeeren haben auch im August und September noch Saison.

Heidelbeeren

Die Heidelbeeren zählen zu den Waldbeeren. Sie wachsen sowohl im Flachland wie im Gebirge in lichten Wäldern, auf Waldwiesen, auf Heiden und Mooren. Früher kannte jedes Kind die Orte im Wald, wo es Jahr für Jahr die tiefblauen, kleinen Beeren pflücken konnte. Die kugeligen Beeren schmeckten nicht nur ausgezeichnet, sie färbten Gesicht und Kleider so intensiv blauviolett, daß mit purem Wasser der Farbe nicht beizukommen war. Ein Teller Grießpudding mit gekochten Heidelbeeren war der Traum in schokoladeloser Zeit.

Die kultivierten Heidelbeersträucher liefern größere Beeren als wildwachsende Sträucher; die Beeren sind leider von langweiligem Geschmack und machen keine große Lust auf mehr. Die Heidelbeeren werden von Juli bis September geerntet.

Himbeeren

Die Himbeeren verleiten uns mit ihrem ausgeprägten Aroma, ihrer säuerlichen Süße und ihrer sinnlichen Form geradezu zum Naschen ab Rute. Ähnlich muß es unseren Vorfahren ergangen sein, die bei Streifzügen durch Wald und Wiese eifrig Himbeeren gesammelt hatten. Heute kommt die Himbeere wildwachsend kaum mehr vor.

Himbeeren können von Ende Juni bis Anfang September geerntet werden. Die Staude ist in Hausgärten sehr beliebt, da sie bei richtiger Wahl des Standortes pflegeleicht ist und gute Erträge bringt. Während der Blütezeit und der Fruchtentwicklung braucht der Beerenstrauch viel Wasser. Reichliches Gießen lohnt sich: die Früchte werden größer.

Holunderbeeren

Der in unserer Gegend wild wachsende schwarze Holunder ist eine schlichte Pflanze, die zur Blütezeit durch ihren stark aromatischen Duft auf sich aufmerksam macht. Im Frühling bedekken Tausende von Blüten, dicht gedrängt an Trugdolden, den Busch. Die Blüten sind beliebt für Limonaden, Holunderküchlein und Bowlen. August und September ist dann die Zeit der Beeren, aus deren Saft vor allem Gelee und Sirup gekocht wird.

Johannisbeeren

Weiße, rote und schwarze Johannisbeeren findet man praktisch in jedem Garten. Der Strauch ist sehr anspruchslos; aber je intensiver die Sonneneinstrahlung, desto größer der Ertrag. Bei der Ernte der Johannisbeeren kann man sich ruhig Zeit lassen. Die Beeren sind selbst in reifem Stadium so robust, daß sie einen heftigen Gewitterregen oder eine Regenperiode unbeschadet überstehen. Je mehr Sonne die Beeren bekommen, desto süßer werden sie. Weiße Sorten sind übrigens etwas süßer als rote. Erntezeit für beide ist Ende Juli bis Mitte August.

Die schwarze Johannisbeere verbreitet schon am Strauch einen starken, aromatischen Geruch. Nicht alle lieben die schwarze Beere, deren Saft sehr viel Vitamin C enthält. Die Beeren werden im Juli und August geerntet.

Preiselbeeren

Die Preiselbeere, ein aufrechter Halbstrauch, gedeiht in Misch- und Nadelwäldern. Die Beeren reifen sehr ungleich und entfalten ihr Aroma erst, wenn sie gut reif, also durch und durch rot sind. Erntezeit der scharlachroten Beeren, die ein herb-süßes Aroma haben, ist von August bis Oktober. Sie ist keine Beere, die roh in Mengen verzehrt wird. Die Preiselbeere paßt gut in die Wildsaison. Sie eignet sich für Marmeladen, Kompott und Fleischsaucen.

Stachelbeeren

Die rohen Beeren sind nicht jedermanns Sache, dabei sind sie direkt ab Strauch äußerst verdauungsfördernd und blutreinigend. Ob es wohl die kleinen, perfiden Dornen an den Trieben sind oder die eher dickschaligen Früchte, die für Distanz sorgen? Dickschaligkeit muß aber nicht unbedingt sein. Und in reifem Stadium sind die Stachelbeeren angenehm süß und immer leicht säuerlich. Ein Stachelbeerkuchen stimmt selbst wortreiche Gegner versöhnlich. Erntezeit ist Juli und August. Zuerst sind die roten Sorten, dann die gelben reif.

Beeren in der Küche und im Vorrat

	Brombeeren	Erdbeeren	Heidelbeeren	Himbeeren	Holunderbeeren	Johannisbeeren (rot und weiß)	Johannisbeeren (schwarz)	Preiselbeeren	Stachelbeeren
Eis, Sorbet, Frappé	■	■	■	■	■	■	■		■
Kompott	■		■	■	■	■	■	■	■
Kuchen und Torten	■	■	■	■		■	■	■	■
Püree, Mus (roh)	■	■	■	■		■			■
Püree, Mus (gekocht)	■		■			■	■	■	■
Salat	■	■	■	■		■			■
Fruchtsuppe	■	■	■	■	■	■	■		
Soufflé	■	■	■	■		■	■		■
Dörren/Trocknen			■					■	
Heiß einfüllen	■		■		■		■	■	■
Sterilisieren	■	■	■	■		■	■		■
Marmelade/Konfitüre	■	■	■	■	■	■	■	■	■
Saft, Sirup	■	■	■	■	■	■	■		■
Gelee	■	■	■	■	■	■	■	■	■
Likör	■		■		■		■		

■ Feld = geeignet

Beeren tiefkühlen

	Brombeeren	Erdbeeren	Heidelbeeren	Himbeeren	Holunderbeeren	Johannisbeeren (rot und weiß)	Johannisbeeren (schwarz)	Preiselbeeren	Stachelbeeren
Eignung zum Tiefkühlen	1	3	1	1	2	1	1	1	1
ohne Zucker	8	8	8	8		8	8		8
mit Zucker (100 g)			12	12					
mit Zucker (100–200 g)	12	12			12	12	12		12
mit Zuckersirup (30%)				12					
mit Zuckersirup (40%)	12	12							12

Eignung zum Tiefkühlen
1 = sehr gut
2 = gut
3 = befriedigend

Die Zahlen in der Tabelle geben an, wie viele Monate die Beeren – bei normaler Lagerung – tiefgekühlt haltbar sind.

Zuckermenge (Kristallzucker)
Die in Klammer angegebene Menge ist für 1 kg Beeren berechnet.

Zuckersirup
30%iger Sirup = 1 Liter Wasser mit 430 g Krisallzucker aufkochen
40%iger Sirup = 1 Liter Wasser mit 670 g Kristallzucker aufkochen

Beerenkalender

	Brombeeren	Erdbeeren	Heidelbeeren	Himbeeren	Holunderbeeren	Johannisbeeren (rot und weiß)	Johannisbeeren (schwarz)	Preiselbeeren	Stachelbeeren
Mai									
Juni		■							
		■		■		■			
Juli		■		■		■	■		■
	■	■	■	■		■	■		■
August	■	■	■	■	■		■	■	■
	■	■	■	■	■		■	■	■
September	■		■	■	■			■	
	■				■			■	
Oktober	■							■	

Die angegebenen Saisonszeiten (in der Grafik dunkel) sind Durchschnittswerte; sie können je nach Standort (geographische Lage) und Wetter abweichen.

Beeren-Abc

A

Agar-Agar-Pulver: Rein pflanzliches Produkt, aus Meeresalgen gewonnen. Äußerst geschmacksneutrales Bindemittel/Geliermittel. Die Gebrauchsanleitung ist strikte zu befolgen, da die Gelierkraft je nach Marke stark variiert. Auch ist die Dauer der Bindekraft je nach verwendeten Rohprodukten zeitlich stark eingeschränkt. Die in diesem Buch rezeptierten Süßspeisen auf Agar-Agar-Basis sollten innert 5 Stunden verzehrt werden.

Ahornsirup: Saft des Ahornbaumes, der nach der Gewinnung eingedickt wird. Verschiedene Qualitätsklassen. Relativ teuer. Eignet sich aber gut zum Süßen unserer Rezepte.

Apfeldicksaft: siehe Birnendicksaft.

B

Birnendicksaft: In vielen Rezepten wurde zum Süßen Birnendicksaft verwendet. Er eignet sich besonders für Früchte mit starkem Eigenaroma. Für Früchte mit feinem Aroma ist geschmacksneutraler Honig besser geeignet.

Brombeeren: Wild gewachsene Früchte immer gut waschen.

C

Chutney: Die klassischen Chutneys (scharf/pikant-süße Saucen) stammen ursprünglich aus Indien und wurden von den Engländern nach Europa gebracht. Chutneys sind bezüglich Konsistenz mit unseren Marmeladen/Konfitüren zu vergleichen und können ebenfalls heiß eingefüllt werden. Das Würzen ist eine Frage der persönlichen Vorlieben. Wichtig: durch die Lagerung bekommen sie einen intensiveren Geschmack, da die Gewürze erst nach einer gewissen Zeit das volle Aroma entfalten. Für Chutneys eignen sich Preiselbeeren, Holunderbeeren, Heidelbeeren, Stachelbeeren u.a. Chutney serviert man zu Suppenfleisch, Fleischfondue, Grilladen usw.

D

Dörren: Beeren eignen sich nicht zum Dörren. Eine Ausnahme bilden Preiselbeeren und gut reife Heidelbeeren.

E

Erdbeeren: Samt Stiel waschen. Bei gut reifen Früchten läßt sich der Stiel samt Stielansatz problemlos von Hand herausziehen; wenn nicht, hilft ein Messer.

Erntezeit: Was macht der Handel nur mit unseren Früchten. Auch viele der Beeren werden halbreif oder noch fast grün angeboten. Der Handel nennt diesen Reifegrad «pflückreif». Glücklich diejenigen, die in ihrem Garten vollreife Beeren ernten . . . und genießen können.

F

Fruchtzucker: Ist in reiner Form ein weißes Pulver mit hoher Süßkraft. Es wird aus weißem Kristallzucker hergestellt und liefert gleich viel Energie wie Traubenzucker.

G

Gelee: Wird aus reinem Fruchtsaft/Beerensaft, unter Zugabe eines Geliermittels und Süßmittels, hergestellt. Gleiche Verwendung wie Marmelade/Konfitüre. Das Geliermittel ist nach Gebrauchsanleitung zu verwenden. Im Handel ist auch Gelierzucker erhältlich, eine Kombination aus Geliermittel und Zucker. Dosierung: auf 1/2 Liter Saft kommt 500 g Gelierzucker. Wird weniger Zucker genommen, ist die Kochzeit entsprechend länger. Saft für Gelee gewinnt man am besten so: Beeren ganz lassen. Johannisbeeren und Stachelbeeren müssen nicht entstielt werden, Holunderbeeren von den Dolden strupfen. Die Beeren in einen großen Kochtopf geben und zu 2/3 mit Wasser bedecken. Die Früchte so lange kochen, bis sie platzen oder zerfallen. Den Topfinhalt in ein Mulltuch/Gazetuch oder ein spezielles Geleetuch gießen, das man über den Kochtopf spannt, gut abtropfen lassen und den Tuchinhalt leicht auspressen. Saft zu Gelee einkochen gemäß Rezept.

Gelierpulver: Enthält Pektine, Traubenzucker und Fruchtsäure. Gebrauchsanleitung unbedingt beachten. Gelierpulver verkürzt die Kochzeit und garantiert eine gute Haltbarkeit. Ein Nachteil ist manchmal bei Marmeladen die Zähflüssigkeit. Bei Verwendung eines Geliermittels kann der Zuckeranteil um gut die Hälfte reduziert werden. Die Marmeladen sind so nicht nur linienfreundlich, sondern auch fruchtiger. Wichtig: mit Geliermitteln zubereitete Marmeladen sind weniger lange haltbar als bei konventioneller Zubereitung.

Gelin: Rein pflanzliches, kalorienfreies Produkt. Einfach zu den Früchten geben und gut umrühren. Gebrauchsangaben auf der Verpackung beachten.

H

Heidelbeeren: Wild gewachsene Früchte immer gut waschen.

Heiß einfüllen: Nur reife, gesunde Beeren verwenden. Die Beeren werden zusammen mit dem Zucker aufgekocht und sofort in vorgewärmte, saubere Gläser gefüllt. Bei sorgfältigem Arbeiten bleiben die Früchte ganz und können für Kompott, Fruchtkuchen, Müsli und Fruchtsalat verwendet werden.

Heiß einfüllen ohne Zucker: Nicht jeder darf nach Lust und Laune Zucker konsumieren – sei dies wegen Gewichtsproblemen oder aus Diätgründen. Heute gibt es Konservierungsmethoden, die ohne Zucker auskommen. Hier einige wichtige Regeln:

- Nur erstklassige Früchte verwenden. Die Gefahr des Gärens oder der Schimmelbildung ist so wesentlich kleiner.
- Der Süßstoff muß unbedingt kochfest sein.
- Gelierhilfen wirken ebenfalls konservierend.
- Kleine Gläser mit einem Inhalt vo höchstens 250 ml/2,5 dl verwenden. Am sichersten sind Gläser mit Schraubdeckel. Vorgewärmte Gläser nach dem Einfüllen sofort verschließen. Beim Abkühlen entsteht so ein Vakuum, das den Inhalt vor Verderb schützt.
- Die Gläser möglichst kühl, trocken und vor Licht geschützt lagern.
- Einmal geöffnete Gläser müssen unbedingt im Kühlschrank aufbewahrt und der Inhalt innert weniger Tage konsumiert werden.

Himbeeren: Nie waschen, denn das würde das Aroma verwässern.

Holunder: Gepflückt werden die Beeren samt Doldenrispen. Die Dolden in reichlich kaltem Wasser kurz waschen, dann von den Dolden zupfen. Je reifer die Beeren, desto leichter fällt diese Arbeit. Bleibt hin und wieder ein Stielchen an einer Beere zurück, braucht es nicht gezupft zu werden. Viele Stielchen sind allerdings dem Aroma nicht sehr zuträglich.

Honig: Gutes Süßmittel. Der je nach Sorte intensive Eigengeschmack kann ähnlich dem Birnendicksaft das Fruchtaroma verfälschen und beeinträchtigen. Empfehlenswerter sind diesbezüglich der Kleehonig/Wiesenhonig (heller, fast weißer Blütenhonig) und der Akazienhonig.

I

Ingwer: Wurzel der Ingwerpflanze. Erhältlich als frische Wurzel, in Form von getrockneten Scheiben und als Pulver. Exotischer Geschmack.

J

Johannisbeeren: Die Beeren werden samt Rispe gepflückt und so in reichlich kaltem Wasser kurz gewaschen. Erst jetzt werden die Beeren vom Stielende nach unten von der Rispe gestreift. Je reifer die Beeren, desto leichter fällt diese Arbeit. Bleibt hin und wieder ein grünes Stielchen an einer Beere zurück, braucht es nicht zwingend gezupft zu werden. Viele grüne Stielchen können allerdings das Aroma beeinträchtigen.

K

Konfitüre: siehe Marmelade

L

Lagerung: Beeren verlieren bei Lagerung schnell an Vitaminen und Aroma, zudem neigen sie leicht zu Gärung und Schimmelbildung. Die Früchte können für kurze Zeit im Kühlschrank aufbewahrt werden.
Erst vor der Verwertung waschen!

M

Marmelade: Ist bei vielen mit Erinnerungen aus der Kindheit verbunden. Wer erinnert sich nicht an Brotscheiben mit Butter bestrichen und einem dicken Belag aus Marmelade. Verschmierte Hände und ein verschmiertes Gesicht gehörten auch dazu.

P

Püree: Früchte im Mixerglas pürieren. Je nach Verwendung durch ein Chromstahlsieb streichen (zurück bleiben Steinchen/Kerne und Häute/Schalen) oder als Mus verwenden.

S

Sirup: Nur reife, gesunde Beeren verwenden. Überreife und von Fäulnis befallene Früchte sind ungeeignet, da der Sirup später oft zu gären beginnt oder von Schimmel befallen wird.

Spitzsieb (Edelstahl): Zum Passieren (Durchdrücken) von pürierten Fruchtmassen. Ziel ist, Fruchtsteinchen, Häutchen usw. vom Fruchtmus/-saft zu trennen. Zum Durchdrücken eignet sich ein robuster Suppen- oder Saucenlöffel.

Stachelbeeren: Gut waschen. Die an der Beere zurückgebliebenen kleinen Stielchen nach Belieben zupfen.

Sterilisieren: Reife Beeren mit noch festem Fruchtfleisch verwenden. Auch hier gilt: Nur gesunde, saubere Beeren verwenden. Da mit ziemlich hohen Temperaturen (bis 95 Grad) gearbeitet wird, kann es zu einer Veränderung der Beerenfarbe kommen.

Süßstoffe: Zuckerersatz. Mit Ausnahme von Aspartam praktisch energiefrei: Saccharin, Cyclamat usw. Die Süßkraft ist bis 500mal stärker als bei Zucker. Nicht alle Süßstoffe sind zum Kochen und Backen geeignet. Achtung: Rezepte mit Süßstoff eignen sich nicht automatisch für die Zubereitung mit Zucker.

T

Tiefkühlen: Angefaulte und verletzte Früchte sollten immer aussortiert und anderweitig verwertet werden. Die Beeren am besten in einem Backblech einlagig auf Haushaltpapier auslegen. Eine Beerenlage ist gerade richtig, wird doch so das Aneinanderkleben verhindert. Die Beeren im Blech in den Tiefkühler stellen und gefrieren lassen, dann in Plastikbeutel füllen und möglichst platzsparend im Tiefkühler stapeln. Wenn alles richtig gemacht wurde, können die Beeren nun auch einzeln dem Plastikbeutel entnommen werden. Beeren vor dem Verzehr rechtzeitig, aber nicht zu früh (damit sie nicht zusammenfallen) aus dem Tiefkühler nehmen. Je kleiner die Beeren, desto kürzer die Auftauzeit. Am besten probiert man es mit den einzelnen Beerensorten aus. Tiefgekühlte Beeren sollten nicht länger als 6 bis 8 Monate gelagert werden.

Aufgetaute Erdbeeren sehen ziemlich unansehnlich aus und können in dieser Form für Desserts nicht mehr verwendet werden. Tip: Nur gut reife, kleinwüchsige Erdbeeren verwenden und diese vor dem Tiefkühlen pürieren.

V

Vanillezucker: Mischung aus weißem Zucker und echtem feingemahlenem Vanillemark.

Vanillinzucker: Mischung aus weißem Zucker und mindestens 0,1% Vanillearoma (naturidentischer Aromastoff).

Z

Zitronensaft: Ist wegen der hohen natürlichen Fruchtsäure nicht zum isolierten Verzehr geeignet. Wird gerne zum Verfeinern von Speisen und Getränken verwendet. Gibt in der richtigen Dosis Früchten mehr Eigengeschmack.

Zucker: Allgemeine Bezeichnung für den aus Zuckerrüben oder aus Zuckerrohr gewonnenen Rüben- oder Rohrzucker. Aus beiden entsteht der gebräuchliche Kristallzucker. Er wird auch oft industriell eingefärbt und dann fälschlicherweise als Rohzucker angesehen.

Rohzucker: Dies ist brauner (nicht raffinierter) Zucker, der neben braunen Rückständen (Melasse-Rest) noch kleinste Mengen an Mineralstoffen enthält. Er ist die Vorstufe zum Kristallzucker.

Vollrohrzucker: Dieser wird aus getrocknetem Zuckerrohrsaft hergestellt. Er ist gekörnt und gemahlen im Handel.

Vollzucker: Wird aus getrocknetem Zuckerrübensaft hergestellt und ist fast so fein wie Puderzucker.

Rezepte

Johannisbeer-Campari-Terrine

für eine Terrinenform von 1 Liter Inhalt, ergibt ca. 8 Portionen

Terrine

- *300 g rote Johannisbeeren*
- *150 g Vollrohrzucker*
- *200 ml/2 dl Campari*
- *1 Beutel Agar-Agar-Pulver*
- *300 g rote, weiße und schwarze Johannisbeeren, gemischt*

Sauce

- *200 g/2 dl Sahne/Rahm*
- *1/2 Zitrone, abgeriebene Schale*
- *2 EL Birnendicksaft*

1. Rote Johannisbeeren, Zucker, Campari und Agar-Agar-Pulver in einen Kochtopf geben, sehr gut verrühren und unter Rühren aufkochen. Kochen lassen, bis die Beeren gesprungen sind. Die Masse wenig auskühlen lassen, sie soll aber noch nicht erstarren. Dann die restlichen Beeren untermischen. Die Masse in die Terrinenform füllen. Im Kühlschrank während ein paar Stunden fest werden lassen.

2. Für die Sauce die Sahne steif schlagen. Abgeriebene Zitronenschalen und Birnendicksaft darunterrühren.

3. Form kurz in heißes Wasser stellen, die Terrine stürzen und in Scheiben schneiden. Die Sauce separat dazu servieren.

Brombeer-Mascarpone-Creme

- *500 g Brombeeren*
- *1 Beutel Vanillezucker*
- *1 EL Vollrohrzucker*
- *4 EL Grand Marnier, nach Belieben, oder 4 EL Orangensaft*

- *2 Eigelb von Freilandeiern*
- *3 EL Honig*
- *250 g Mascarpone*

1. Die Brombeeren 30 Minuten marinieren mit Vanillezucker, Zucker und Grand Marnier oder Orangensaft. Einen Viertel der Beeren pürieren.

2. Eigelb, Honig und 3 Eßlöffel der Beerenmarinade (Beerenflüssigkeit) in einer Schüssel im heißen Wasserbad mit dem Schneebesen zu einer luftigen Creme schlagen. Die Creme darf auf keinen Fall kochen. Nun die Creme in eine kaltes Wasserbad stellen und kalt schlagen.

3. Den Mascarpone unter die ausgekühlte Creme rühren. Das Brombeerpüree und die Brombeeren sorgfältig darunterziehen.

Abbildung Johannisbeer-Campari-Terrine Seite 27

Herbst-Terrine

für eine Terrinenform von 1 Liter Inhalt

- *500 g gemischte Beeren, z. B. Brombeeren, Heidelbeeren, Holunderbeeren*

Rotwein-Gelee

- *4 Gewürznelken*
- *2 Prisen gemahlener Kardamom*
- *1 Zimtstange, zerbröckelt*
- *1 Stück Ingwerwurzel, geschält und gerieben*
- *wenig frisch geriebene Muskatnuß*
- *1 Orange, abgeriebene Schale und Saft*
- *1 Zitrone, abgeriebene Schale und Saft*
- *120 g Birnendicksaft*
- *400 ml/4 dl fruchtiger Rotwein*
- *1 Beutel Agar-Agar-Pulver*

- *300 g Backmarzipan*

1. Die Terrinenform mit Klarsichtfolie auslegen. Die Beeren in die Form füllen.

2. Alle Zutaten für das Gelee bis und mit Agar-Agar-Pulver in einen Kochtopf geben und gut verrühren. Unter ständigem Rühren aufkochen und etwa 3 Minuten kochen lassen. Die Flüssigkeit sieben und sogleich über die Beeren gießen. Die Terrine einige Stunden im Kühlschrank fest werden lassen.

3. Das Marzipan zwischen zwei Klarsichtfolien dünn ausrollen. Die Terrine stürzen und sorgfältig mit dem Marzipan umhüllen. In Scheiben schneiden und nach Belieben mit einer Vanillesauce servieren.

Erdbeer-Diplomat

für 6 Diplomat

- *2 Orangen, abgeriebene Schale und Saft*
- *3 EL Vollrohrzucker*
- *120 g Vollkornbiskuits*
- *2 EL Cognac, nach Belieben*
- *2 TL Maisstärke*
- *150 g Vollmilchquark*
- *2 EL Honig*
- *150 g/1,5 dl Sahne/Rahm*

- *400 g Erdbeeren*

1. Die abgeriebenen Orangenschalen mit 100 ml/1 dl Orangensaft und dem Zucker aufkochen, 5 Minuten köcheln lassen.

2. Die Biskuits zerbröseln und mit dem heißen Orangensirup tränken. Auf den Boden der Souffléförmchen verteilen.

3. Den restlichen Orangensaft mit dem Cognac und der Maisstärke verrühren, aufkochen und auskühlen lassen. Den Quark und den Honig unter die Orangencreme rühren. Die Sahne steif schlagen und darunterziehen.

4. Die Erdbeeren vierteln und etwa 100 g davon für die Garnitur zur Seite legen. Die restlichen Beeren auf die getränkte Biskuitmasse legen, mit der Creme auffüllen. Mit den restlichen Erdbeeren garnieren.

Erdbeeren in Rotweingrütze

Grütze

- *400 ml/4 dl fruchtiger Rotwein*
- *1 Zitrone, Saft*
- *1 Orange, Saft und abgeriebene Schale*
- *100 g Gelin*
- *5 EL Birnendicksaft*

- *500 g Erdbeeren*
- *einige Blättchen Zitronenmelisse*

1. Alle Zutaten für die Grütze zu einer dicklichen Sauce verrühren.

2. Die Erdbeeren vierteln und zur Grütze geben. Mit der Zitronenmelisse garnieren.

Erdbeeren in Rotweingrütze (hinten)
Johannisbeer-Campari-Terrine (Mitte), Rezept Seite 24
Erdbeer-Diplomat (vorn und Mitte)

Heidelbeercreme

für 4 bis 6 Portionen

- *500 g Heidelbeeren*
- *5 EL Birnendicksaft*
- *80 g Gelin*

1. 200 g Heidelbeeren mit dem Birnendicksaft pürieren. Das Gelin unter Rühren beifügen. Die restlichen Beeren untermischen.

Tip: Kann mit Polentablumen (Seite 36) oder Grießklößchen (Seite 75) serviert werden.

Himbeeren mit Karamelcreme

für 4 bis 6 Portionen

- *100 g Vollrohrzucker*
- *4 EL Wasser*
- *50 g/0,5 dl Sahne/Rahm*
- *3 EL Zitronensaft*
- *1 Becher Joghurt nature (180 g)*
- *150 g/1,5 dl Sahne/Rahm oder Halbrahm*

- *750 g Himbeeren*
- *4 EL Akazienhonig*

1. Den Zucker mit dem Wasser in einem weiten Topf bei starker Hitze aufkochen. Dann bei mittlerer Hitze unter gelegentlichem Rühren köcheln lassen, bis ein dickflüssiger Karamel entstanden ist. Den Topf vom Feuer ziehen und ein paar Minuten auskühlen lassen. Die Sahne und den Zitronensaft dazugeben und den Karamel unter Rühren köcheln, bis er sich wieder aufgelöst hat und dickflüssig wird. Auskühlen lassen. Den Joghurt unter Rühren langsam dazugeben. Die steifgeschlagene Sahne unter die Karamelcreme ziehen.

2. Die Beeren mit dem Honig vermischen. 10 Minuten ziehen lassen.

3. Die Himbeeren in Portionenschalen füllen. Die Creme großzügig darübergießen.

Beerenflan mit Mangosauce

für 4 Förmchen

Flan

- *500 g Beeren, z.B. Erdbeeren, Himbeeren, Johannisbeeren*
- *1 Beutel Gelin*
- *ca. 2 EL Zitronensaft*
- *250 g/2,5 dl Sahne/Rahm*
- *100 g Vollrohrzucker*

Mangosauce

- *1 reife Mango*
- *50 ml/0,5 dl Orangensaft*

1. 150 g Beeren mit dem Gelin pürieren. Weitermixen und soviel Zitronensaft beifügen, bis die Creme dick wird.

2. Die Sahne mit dem Zucker steif schlagen und unter die Creme ziehen. Die restlichen Beeren sorgfältig unter die Masse heben. In Portionenförmchen oder Tassen füllen und einige Stunden in den Kühlschrank stellen.

3. Mango schälen. Das Fruchtfleisch wegschneiden, indem man ober- und unterhalb des großen flachen Kerns der Länge nach zwei Hälften abschneidet. Das Fruchtfleisch zerkleinern. Mit dem Orangensaft pürieren.

4. Beerenflan stürzen und mit der Mangosauce umgießen.

Tip: Pürierte Beeren mit viel Steinchen durch ein Sieb streichen.

Maiscreme mit Brombeeren

- *600 ml/6 dl Milch*
- *125 g Maisgrieß*

- *3 Eigelb von Freilandeiern*
- *2 EL Zitronensaft*
- *1 Zitrone, abgeriebene Schale*
- *5 EL Honig*
- *3 Eiweiß*

- *250 g Brombeeren*
- *2 EL Honig*
- *100 g/1 dl Sahne/Rahm*

1. Die Milch aufkochen. Den Mais einrühren und köcheln lassen, bis ein dicker Brei entstanden ist. Den Kochtopf vom Feuer ziehen. Auskühlen lassen.

2. Eigelb, Zitronensaft, abgeriebene Zitronenschalen und Honig zu einer luftigen Creme aufschlagen.

3. Den Mais unter die Eigelbmasse ziehen. Eiweiß zu steifem Schnee schlagen und sorgfältig darunterheben. In Portionenschalen füllen.

4. Die Brombeeren mit dem Honig vermischen und auf dem Mais verteilen. Die Creme mit der steif geschlagenen Sahne garnieren.

Stachelbeercreme

- *500 g Stachelbeeren*
- *6 EL Vollrohrzucker*
- *3 EL Wasser*
- *1 Zitrone, Saft und abgeriebene Schale*
- *200 g/2 dl Sahne/Rahm*
- *100 g Crème double/ Doppelrahm*

1. Die Stachelbeeren unter Zugabe des Zuckers und des Wassers so lange kochen, bis die Beeren weich sind, das dauert ungefähr 10 Minuten. Die Früchte mit einem Schaumlöffel herausnehmen und beiseite stellen. Die Flüssigkeit bei hoher Temperatur auf 2 Eßlöffel einkochen lassen.

2. Die Stachelbeeren durch ein Sieb streichen, Zitronensaft und abgeriebene Zitronenschalen darunterrühren. Beerenpüree auskühlen lassen.

3. Die Sahne steif schlagen und mit der Crème double vermengen. Das Stachelbeerpüree und die eingekochte Flüssigkeit darunterziehen. Mindestens 3 Stunden kühl stellen.

Himbeer-Zitronen-Creme

- *$1\frac{1}{2}$ Zitronen, Saft und abgeriebene Schalen*
- *4 EL Akazienhonig*
- *1 Becher Joghurt nature (180 g)*
- *200 g/2 dl Sahne/Rahm*
- *250 g Himbeeren*

1. Abgeriebene Zitronenschalen, Zitronensaft, Honig und Joghurt in einer Schüssel gut verrühren. Die steifgeschlagene Sahne unter die Creme ziehen.

2. Ein paar Himbeeren für die Garnitur zur Seite legen, die restlichen Beeren mit der Zitronencreme vorsichtig mischen. Im Kühlschrank gut durchkühlen lassen.

3. Die gekühlte Creme in Portionenschalen füllen. Mit den restlichen Himbeeren garnieren.

Stachelbeercreme
Himbeer-Zitronen-Creme

Panna Cotta mit scharfer Brombeersauce

für 4 bis 6 Portionenförmchen

Panna Cotta

- *1 Beutel Agar-Agar-Pulver*
- *500 g/5 dl Sahne/Rahm*
- *4 EL geschmacksneutraler Honig*
- *1/2 Zitrone, abgeriebene Schale*
- *1/2 Orange, abgeriebene Schale*

Sauce

- *1 Stück frische Ingwerwurzel*
- *500 g Brombeeren*
- *4 EL Birnendicksaft*
- *2 EL Rotweinessig*
- *einige Spritzer Tabascosauce*

1. Alle Zutaten für die Panna Cotta in einem Kochtopf unter ständigem Rühren aufkochen und 2 Minuten kochen lassen, dann in Portionenförmchen füllen. Für ein paar Stunden in den Kühlschrank stellen.

2. Für die Sauce den Ingwer schälen und fein reiben. 250 g Brombeeren mit dem Birnendicksaft pürieren, das Püree durch ein Chromstahlsieb streichen. Würzen mit dem Essig, dem Ingwer und der Tabascosauce.

3. Die Brombeersauce in Teller verteilen, das Köpfchen darauf stürzen. Die restlichen Beeren für die Garnitur verwenden.

Preiselbeerkompott mit Polentablumen

Polenta

- *300 ml/3 dl Milch*
- *3 EL Birnendicksaft*
- *75 g Maisgrieß*

Kompott

- *200 g Preiselbeeren*
- *100 g Vollrohrzucker*
- *1 Orange, Schale und Saft*
- *150 ml/1,5 dl Wasser*

1. Für die Polenta Milch und Birnendicksaft aufkochen. Den Mais einrieseln lassen und unter Rühren auf kleinem Feuer 2 Minuten köcheln lassen. Den Maisbrei auf ein kalt ausgespültes Blech oder auf ein Holzbrett geben und auskühlen lassen.

2. Für das Kompott Preiselbeeren, Zucker, Orangenschalen, Orangensaft und Wasser aufkochen, bei Mittelhitze 5 Minuten kochen lassen.

3. Das warme Kompott in Schalen oder Suppenteller verteilen. Von der Maismasse Blumen oder Herzen ausstechen und auf das Kompott legen.

Tip: Das Kompott kann auch heiß in Gläser gefüllt werden. Schmeckt gut zu Fleischpasteten.

Panna Cotta mit scharfer Brombeersauce (vorn) Preiselbeerkompott mit Polentablumen (hinten)

Erdbeeren mit Pistaziencreme

- *500 g Erdbeeren*
- *2 EL Birnendicksaft*
- *1/2 Orange, Saft*

Creme

- *40 g Pistazienkerne*
- *100 ml/1 dl Milch*
- *3 EL Birnendicksaft*
- *200 g/2 dl Sahne/Rahm*

1. Die Erdbeeren je nach Größe halbieren oder vierteln. Mit dem Birnendicksaft und dem Orangensaft mischen. Kühl stellen.

2. Einen Eßlöffel Pistazien grob hacken. Die restlichen Nüsse im Cutter fein reiben oder im Mörser zerstossen.

3. Milch, geriebene Pistazien und Birnendicksaft unter Rühren aufkochen. Auskühlen lassen. Die steifgeschlagene Sahne darunterziehen.

4. Die Erdbeeren auf Portionenschalen verteilen. Mit der Creme überziehen und den gehackten Pistazien garnieren.

Erdbeer-Rhabarber-Grütze

- *500 g Rhabarber*
- *500 g Erdbeeren*
- *200 g Johannisbeergelee*
- *25 g Maisstärke*
- *50 ml/0,5 dl Wasser*

- *150 g/1,5 dl Sahne/Rahm*
- *1 Beutel Vanillezucker*

1. Rhabarber putzen und in 3 cm lange Stücke schneiden.

2. Einige Erdbeeren für die Garnitur beiseite legen. Restliche Erdbeeren je nach Größe halbieren oder vierteln.

3. Das Johannisbeergelee erwärmen. Die Rhabarberstückchen dazugeben und auf kleinem Feuer weich kochen (die Stückchen dürfen nicht zerfallen). Mit dem Schaumlöffel aus der Flüssigkeit nehmen.

4. Die mit dem Wasser angerührte Maisstärke unter das heiße Gelee rühren. Aufkochen. Rhabarber und Erdbeeren dazugeben, abermals aufkochen. Die Grütze in eine Schüssel geben und abkühlen lassen. Im Kühlschrank gut kühlen.

5. Die Sahne zusammen mit dem Vanillezucker steif schlagen.

6. Die Grütze in Suppenteller verteilen. Mit den restlichen Erdbeeren und einem großen Klecks geschlagener Sahne garnieren.

Götterspeise

- *100 g Vollkornzwieback*
- *600 g gemischte Beeren, z. B. Erdbeeren, Himbeeren, Heidelbeeren, Brombeeren, je nach Saison*

Vanillecreme

- *350 ml/3,5 dl Milch*
- *4 EL Birnendicksaft*
- *3 Eigelb von Freilandeiern*
- *1 Eiweiß*
- *20 g Maisstärke*
- *1 Vanilleschote, aufgeschlitzt*
- *200 g/2 dl Sahne/Rahm oder Halbrahm*

Vanillemilch

- *100 ml/1 dl Milch*
- *1 Vanilleschote, aufgeschlitzt*
- *1 EL Birnendicksaft*

1. Für die Vanillecreme Milch, Birnendicksaft, Eigelb, Eiweiß und Maisstärke in einen Kochtopf geben. Das Vanillemark aus der Schote kratzen und dazugeben. Glatt rühren. Den Topfinhalt bei nicht zu starker Hitze unter ständigem Rühren einmal aufkochen. Den Topf vom Feuer ziehen und kurze Zeit weiterrühren. Creme auskühlen lassen, dann die steifgeschlagene Sahne darunterziehen.

2. Für die Vanillemilch die Milch, das ausgekratzte Vanillemark und den Birnendicksaft aufkochen und ein paar Minuten köcheln lassen. Abkühlen lassen.

3. Den Zwieback in der Vanillemilch tränken.

4. Mit der Hälfte der Zwiebackscheiben eine Schüssel auslegen. Einen Drittel der Beeren auf den Zwieback verteilen, darüber die Hälfte der Creme verteilen. Nochmals je eine Lage Zwieback, Beeren und Creme einfüllen. Mit den restlichen Beeren abschließen. Die Götterspeise für ein paar Stunden in den Kühlschrank stellen.

Rote Grütze

- *300 g rote Johannisbeeren*
- *100 g schwarze Johannisbeeren*
- *100 g Himbeeren*
- *100 ml/1 dl Wasser*
- *1 Zitrone, Saft*
- *3 EL Vollrohrzucker*
- *35 g Maisstärke*
- *100 ml/1 dl Wasser*
- *300 g Kirschen, entsteint*
- *250 g Erdbeeren*
- *100 g schwarze Johannisbeeren*

- *150 g/1,5 dl Sahne/Rahm*
- *1 Beutel Vanillezucker*

1. Rote und schwarze Johannisbeeren von den Rispen streifen.

2. Rote und schwarze Johannisbeeren, Himbeeren, Wasser, Zitronensaft und Zucker aufkochen. 2 Minuten köcheln lassen. Pürieren. Das Fruchtpüree durch ein Sieb streichen und in den Kochtopf zurückgeben. Die mit dem Wasser angerührte Maisstärke darunterrühren. Das Fruchtpüree unter Rühren aufkochen, dann sogleich vom Feuer ziehen. Kirschen und Erdbeeren zum heißen Püree geben. Die Grütze in eine Schüssel füllen und abkühlen lassen. Im Kühlschrank gut kühlen.

3. Die Sahne zusammen mit dem Vanillezucker steif schlagen.

4. Die Grütze in Suppenteller verteilen. Mit einem Klecks Sahne garnieren.

Himbeersuppe

- *500 g Himbeeren*
- *6 EL Grand Marnier, nach Belieben*

Karamel

- *1 EL Butter oder Margarine*
- *75 g Vollrohrzucker*
- *150 ml/1,5 dl Orangensaft*
- *1 EL Zitronensaft*
- *200 g Crème fraîche*
- *2 EL Pistazienkerne, grob gehackt*

1. Die Himbeeren mit dem Grand Marnier beträufeln und 30 Minuten marinieren.

2. Die Butter oder die Margarine schmelzen, den Zucker dazugeben und bei mittlerer Hitze hellbraun karamelisieren. Mit dem Orangensaft ablöschen. Bei schwacher Hitze köcheln lassen, bis der festgewordene Karamel sich wieder aufgelöst hat. Zitronensaft und Crème fraîche darunterrühren. Die Sauce aufkochen.

3. Die heiße Karamelsauce in Suppenteller verteilen. Die Himbeeren samt Marinade dazugeben und die gehackten Pistazien darüberstreuen. Die Himbeersuppe warm servieren.

Rote Grütze (vorn)
Himbeersuppe (hinten)

Schokolademousse mit Johannisbeerfrost

- *100 g Zartbitter-Schokolade*
- *1 EL Instant-Kaffeepulver*
- *3 EL brauner Rum, nach Belieben*
- *3 EL Orangensaft*
- *200 g/2 dl Sahne/Rahm*
- *2 Eiweiß von Freilandeiern*
- *50 g Amaretti (Bittermandelkekse), zerbröckelt oder grob gehackt*
- *2 EL Orangeat*

- *250 g rote Johannisbeeren*
- *50 ml/0,5 dl Rum, nach Belieben*
- *50 ml/0,5 dl Orangensaft*
- *4 EL Honig*

1. Die Schokolade grob hacken und in einer Pfanne auf kleinstem Feuer so lange erwärmen, bis die Schokolade geschmolzen ist. Auskühlen lassen.

2. Das Kaffeepulver mit dem Rum und dem Orangensaft erwärmen, bis der Kaffee sich aufgelöst hat. Auskühlen lassen.

3. Die Sahne steif schlagen.

4. Das Eiweiß zu Schnee schlagen. Amaretti und Orangeat unter den Eischnee heben. Die Sahne sorgfältig darunterziehen. Zuletzt die Schokolade darunterrühren. Über Nacht kalt stellen.

5. Die Beeren von den Rispen streifen und über Nacht gefrieren lassen.

6. Von der Schokolademousse mit einem Eßlöffel Klöße abstechen und auf Tellern anrichten. Die gefrorenen Johannisbeeren mit Rum und Orangensaft parfümieren und mit dem Honig vermischen. Auf die Mousse verteilen. Sofort servieren.

Quark-Blitzblätterteig

- *125 g Vollkornmehl*
- *125 g kalte Butter, in Stücken*
- *125 g Vollmilchquark*
- *1/2 TL Meersalz*

1. Alle Zutaten in eine Schüssel geben, gut vermengen und nur so lange kneten, bis der Teig zusammenhält. Mindestens eine Stunde kühl stellen.

2. Damit der Teig blättrig wird, gibt man ihm nun etwa 4 Touren: Den Teig etwa 1 cm dick zu einem Rechteck ausrollen, den Teig exakt in drei Teile falten. 30 Minuten ruhen lassen oder noch besser kurze Zeit in den Tiefkühler legen. Diesen Vorgang dreimal wiederholen. Teig mindestens 2 Stunden kühl stellen.

Vollkorn-Mürbeteig

- *200 g Vollkornmehl*
- *2 EL Vollrohrzucker*
- *125 g kalte Butter, in Stückchen*
- *6 EL kaltes Wasser oder*
- *1 Freilandei*

1. Das Mehl und den Zucker in einer Schüssel mischen. Die Butter dazugeben. Butter und Mehlgemisch zwischen den Fingern schnell krümelig reiben. Das Wasser oder das Ei beigeben. Den Teig kurz kneten, jedoch nur so lange, bis er zusammenhält! Wenn man ihn zu lange knetet, wird er nach dem Backen nicht mürbe. Teig 1 Stunde kühl stellen.

Mascarpone-Triangoli mit Holunderkompott

Kompott

- *500 g Holunderbeeren*
- *4 EL Birnendicksaft*
- *2 TL Maisstärke*
- *2 EL Wasser*

Triangoli

- *100 g Mascarpone*
- *100 g Vollmilchquark*
- *2 EL Birnendicksaft*
- *1 Eigelb*
- *250 g Blätterteig*
- *1 Eiweiß zum Bepinseln*
- *2 EL gehobelte Mandeln*

1. Die Holunderbeeren mit dem Birnendicksaft aufkochen. Maisstärke und Wasser verrühren und zu den Beeren geben. Unter Rühren aufkochen und wenig köcheln lassen. Auskühlen lassen.

2. Mascarpone, Quark, Birnendicksaft und Eigelb gut verrühren.

3. Den Teig zu einem Rechteck von ca. 20 x 50 cm ausrollen. Das Rechteck längs halbieren und je 5 Quadrate von 10 cm Länge schneiden. Die Quadrate diagonal in Dreiecke schneiden.

4. Ofen auf 220 Grad vorheizen.

5. Auf die Hälfte der Dreiecke einen gehäuften Teelöffel Füllung geben. Die Ränder mit Eiweiß bepinseln. Ein zweites Teigdreieck darauflegen und die Ränder gut andrücken. Die Oberfläche mit Eiweiß bepinseln und mit gehobelten Mandeln bestreuen. Triangoli auf mittlerem Einschub rund 15 Minuten backen.

6. Die Triangoli noch heiß mit dem Holunderkompott servieren.

Heidelbeermuffins (vorn),
Rezept Seite 42
Mascarpone-Triangoli mit Holunderkompott (hinten)

Stachelbeer-Auflauf

- *200 ml/2 dl Wasser*
- *250 g Vollrohrzucker*
- *2 Zitronen, abgeriebene Schale und Saft*
- *1 kg Stachelbereren*

- *300 g altbackenes Brot*
- *200 g geriebene Haselnüsse*
- *2 TL Zimt*

- *60 g Butter*

1. Das Wasser mit dem Zucker, den abgeriebenen Zitronenschalen und dem Zitronensaft aufkochen. Die Stachelbeeren zufügen und ca. 1 Minute köcheln lassen.

2. Das Brot mahlen oder fein reiben und mit den Haselnüssen und dem Zimt mischen.

3. Ofen auf 180 Grad vorheizen.

4. Die Brotmischung abwechslungsweise mit dem Kompott in eine gebutterte Auflaufform füllen. Mit der Brotmischung abschließen. Butterflöckchen darauf verteilen.

4. Stachelbeer-Auflauf auf mittlerem Einschub 40 Minuten backen.

Heidelbeermuffins

Ergibt etwa 20 kleine Küchlein von ca. 8 cm Durchmesser

- *150 g Heidelbeeren*
- *250 g Dinkel- oder Vollkornmehl*
- *130 g Vollrohrzucker*
- *3 TL Backpulver*
- *1/2 TL Meersalz*
- *1 verquirltes Freilandei*
- *1/2 Orange, abgeriebene Schale*
- *60 g flüssige Butter*
- *250 ml/2,5 dl Milch*

1. Die Beeren in eine Schüssel geben, mit 3 EL Mehl bestäuben und sorgfältig vermengen.

2. Das restliche Mehl mit dem Zucker, dem Backpulver und dem Salz mischen. Das Ei, die abgeriebenen Orangenschalen, die flüssige Butter und die Milch beifügen und gut verrühren. Die Heidelbeeren daruntermischen.

3. Ofen auf 180 Grad vorheizen.

4. Die gut eingefetteten kleinen Förmchen bis zu 2/3 mit der Masse füllen.

5. Muffins auf mittlerem Einschub 15 bis 20 Minuten backen.

Abbildung Seite 41

Apfel-Heidelbeer-Gratin

als Dessert für 4 Personen

- *1 Eigelb von einem Freilandei*
- *200 g/2 dl Sahne/Rahm*
- *5 große Äpfel*
- *Saft von 1/2 Zitrone*
- *1 Beutel Vanillezucker*
- *150 g Heidelbeeren*
- *4 EL Zucker*
- *20 g Butter*

1. Sahne steif schlagen, mit dem Eigelb gut vermengen.

2. Zwei Äpfel samt Schale mit der Bircher-Rohkostreibe reiben, sofort mit dem Zitronensaft und dem Vanillezucker mischen. Mit der geschlagenen Sahne sowie zwei Dritteln der Beeren sorgfältig mischen.

3. Ofen auf 250 Grad vorheizen.

4. Bei den restlichen Äpfeln das Kerngehäuse ausstechen und die Früchte in Ringe schneiden.

5. Mit der Hälfte der Apfelringe den Boden einer Gratinform auslegen. Sahne-Frucht-Masse darauf verteilen. Mit den restlichen Apfelringen belegen. Restliche Beeren sowie den Zucker darüberstreuen. Mit den Butterflocken belegen.

6. Apfel-Heidelbeer-Gratin auf mittlerem Einschub 10 Minuten überbacken.

Beerengratin

- *400 g Beeren, z. B. Erdbeeren, Himbeeren, Brombeeren, Heidelbeeren*
- *3 EL Akazienhonig*
- *4 EL Himbeergeist oder Kirsch, nach Belieben*

Creme

- *2 Eigelb von Freilandeiern*
- *4 EL Akazienhonig*
- *1/2 Vanilleschote, aufgeschlitzt*
- *120 ml/1,2 dl saure Sahne/ Sauerrahm*
- *2 Eiweiß*
- *2 EL Pistazienkerne, gehackt*

1. Beeren, Honig, Himbeergeist oder Kirsch mischen. 1 Stunde marinieren.

2. Ofen auf 250 Grad vorheizen.

3. Eigelb, Honig und ausgekratztes Vanillemark zu einer hellen, luftigen Creme rühren, dann die saure Sahne darunterrühren. Das zu Schnee geschlagene Eiweiß darunterziehen.

4. Die Beeren in eine Gratinform oder in Portionenförmchen füllen. Die Creme darauf verteilen.

5. Beerengratin auf mittlerem Einschub 1 bis 2 Minuten hellbraun überbacken. Mit den gehackten Pistazienkernen bestreuen.

Erdbeer-Rhabarber-Pie

Für eine Pieform von 26 cm Durchmesser

Mürbeteig

- *200 g Vollkornmehl*
- *2 EL Vollrohrzucker*
- *125 g kalte Butter, in Stückchen*
- *6 EL kaltes Wasser*

- *300 g Rhabarber*
- *500 g Erdbeeren*
- *100 g geriebene Haselnüsse*
- *35 g Haferflocken*
- *100 g Vollrohrzucker*
- *50 g Walnuß-/Baumnußkerne, grob gehackt*

1. Den Teig zubereiten wie auf Seite 43 beschrieben.

2. Den Rhabarber putzen, indem man die Enden kappt und die Haut abzieht. Rhabarber in 2 cm lange Stücke schneiden. Die Erdbeeren halbieren.

3. Die Haselnüsse und die Haferflocken in einer Pfanne trocken rösten, bis die Nüsse zu duften beginnen. Auskühlen lassen. 50 g Zucker und die Walnüsse daruntermischen.

4. Ofen auf 200 Grad vorheizen.

5. Die Nußmasse auf den Boden der eingefetteten Pieform verteilen. Darauf die Früchte geben und mit dem restlichen Zucker bestreuen.

6. Den Teig dünn ausrollen und in Streifen von ca. 3 cm Breite und 30 cm Länge schneiden. Gitterartig auf die Pie legen und die Enden an der Form gut andrücken.

7. Pie auf mittlerem Einschub 20 Minuten backen, bis der Teig braun ist. Bei zu langer Backzeit zerfallen die Früchte, bei zu kurzer ist der Rhabarber noch fest.

Erdbeer-Rhabarber-Pie (vorn)
Süßer Maisgratin mit Erdbeeren (hinten), Rezept Seite 46

Süsser Maisgratin mit Erdbeeren

- *700 ml/7 dl Milch*
- *1 Beutel Vanillezucker*
- *200 g Maisgrieß*
- *6 EL Birnendicksaft*
- *200 g Vollmilchquark*
- *3 Freilandeier*

- *750 g Erdbeeren*
- *4 EL Birnendicksaft*
- *4 EL Zitronensaft*

1. Ofen auf 250 Grad vorheizen.

2. Die Milch mit dem Vanillezucker aufkochen. Den Maisgrieß unter Rühren einrieseln lassen und auf kleinem Feuer zu einem Brei kochen. Die Pfanne vom Feuer ziehen, den Birnendicksaft und den Quark darunterrühren. Wenig auskühlen lassen. Die Eier kräftig unterrühren. Die Masse in eine eingefettete Gratinform geben.

3. Maisgratin auf mittlerem Einschub 15 bis 20 Minuten backen.

4. Die Erdbeeren vierteln, mit dem Birnendicksaft und dem Zitronensaft vermengen. Zum Gratin servieren.

Abbildung Seite 45

Brombeerhit

für 8 Portionen

- *½ Portion Mürbeteig (Seite 43)*

- *125 g Quark*
- *1 Becher Joghurt nature (180 g)*
- *2 EL Honig*
- *100 g/1 dl Sahne/Rahm*
- *400 g Brombeeren*

Sauce

- *250 g Brombeeren*
- *2 EL Vollrohrzucker*

1. Ofen auf 220 Grad vorheizen.

2. Mürbeteig dünn ausrollen und 8 Rondellen von 10 cm Durchmesser ausstechen. Auf ein mit Backpapier belegtes Blech legen. Mit einer Gabel einstechen. Auf mittlerem Einschub ca. 10 Minuten hellbraun backen.

3. Quark, Joghurt und Honig gut verrühren. Die steifgeschlagene Sahne darunterziehen. Die Brombeeren sorgfältig mit der Creme mischen.

4. Für die Sauce Brombeeren und Zucker in einem Kochtopf wenig zerdrücken, kurz aufkochen, dann pürieren und durch ein Sieb streichen.

5. Mit der Brombeersauce auf Tellern einen Spiegel machen. Die gebackenen Rondellen darauflegen. Die Brombeercreme vorsichtig auf die Teigböden verteilen.

Beerentorte

Für eine Springform von 26 cm Durchmesser

Biskuitteig

- *4 Freilandeier*
- *100 g Vollrohrzucker*
- *1/2 Zitrone, abgeriebene Schale*
- *175 g geriebene Haselnüsse*
- *1/2 TL Backpulver*
- *1/2 TL Zimt*

Füllung

- *300 g/3 dl Sahne/Rahm*
- *3 EL Honig*
- *125 g Mascarpone*
- *75 g Gelin*
- *750 g Beeren, z. B. Himbeeren, Heidelbeeren*

1. Ofen auf 160 Grad vorheizen.

2. Eier, Zucker und Zitronenschalen zu einer hellen, luftigen Creme aufschlagen. Haselnüsse, Backpulver und Zimt darunterrühren. Die Masse in die gefettete Springform füllen. Biskuit auf mittlerem Einschub 30 Minuten backen. Auskühlen lassen. Dann das Biskuit einmal quer durchschneiden.

3. 250 g Beeren für die Garnitur zur Seite stellen, die restlichen sind für die Füllung bestimmt.

4. Für die Füllung die Sahne steif schlagen. Den Honig dazugeben und kurz weiterschlagen. Den Mascarpone unter die Sahne ziehen, nochmals kurz weiterschlagen. Dann das Gelin gut mit der Creme verrühren. Es muß schnell gearbeitet werden. Einen Drittel der Creme zur Seite stellen.

5. Die Beeren für die Füllung unter die restliche Creme rühren. Die Beerenmasse auf das aufgeschnittene Biskuit verteilen. Den Deckel daraufsetzen. Die Oberfläche und den Rand mit der restlichen Creme überziehen. Mit den restlichen Beeren garnieren.

Beeren-Quark-Torte

Für ein Kuchenblech von 26 cm Durchmesser

Quark-Kuchenteig

- *125 g Vollkornmehl*
- *2 EL Vollrohrzucker*
- *½ Zitrone, abgeriebene Schale*
- *1 Eigelb von einem Freilandei*
- *75 g Vollmilchquark*
- *40 g kalte Butter, in Stückchen*
- *Butter für die Form*

Belag

- *100 ml/1 dl Milch*
- *2 Freilandeier*
- *2 Eigelb von Freilandeiern*
- *1 Beutel Vanillezucker*
- *100 g Vollrohrzucker*
- *2 El Maisstärke*

- *450 g Vollmilchquark*
- *500 g Beeren, z. B. Brombeeren, Heidelbeeren, Himbeeren*
- *ca. 4 EL Vollrohrzucker, je nach Beerensorte*
- *2 EL Maisstärke*
- *3 EL Wasser*

1. Alle Zutaten für den Teig in eine Schüssel geben. Mit den Händen möglichst rasch kneten und zu einem festen Teig zusammenfügen. Wird der Teig zu lange geknetet, wird er beim Backen hart. Den Teig 1 Stunde kühl stellen.

2. Kuchenteig ausrollen und in das gebutterte Blech legen. Den Teig mit einer Gabel mehrere Male einstechen.

3. Ofen auf 220 Grad vorheizen.

4. Milch, Eier, Eigelb, Vanillezucker, Zucker, Maisstärke und Quark gut verrühren. Auf den Teigboden gießen.

5. Den Kuchen auf unterstem Einschub 25 Minuten backen. Der Guß soll noch sehr hell sein.

6. Die Beeren mit dem Zucker in einem Pfännchen langsam erhitzen. Die Maisstärke mit dem Wasser anrühren und zu den Beeren geben. Nochmals aufkochen und köcheln lassen, bis die Flüssigkeit leicht bindet. Das Beerenkompott auf dem Kuchenboden verteilen und erkalten lassen.

Cassistorte (vorn), Rezept Seite 50
Beeren-Quark-Torte (hinten)

Cassistorte

Für eine Springform von 26 cm Ø

Mürbeteig

- *100 g Vollkornmehl*
- *3 EL Vollrohrzucker*
- *75 g kalte Butter*
- *3 EL Wasser*

- *750 g schwarze Johannisbeeren*
- *125 g Vollrohrzucker*
- *100 ml/1 dl Wasser*
- *1 EL Zitronensaft*
- *2 Beutel Gelin*
- *250 g Mascarpone*
- *250 g/2,5 dl Sahne/Rahm*

1. Den Teig zubereiten wie auf Seite 43 beschrieben.

2. Ofen auf 200 Grad vorheizen.

3. Den Teig ausrollen und den Boden der Springform damit auslegen, keinen Rand formen. Teig mit einer Gabel mehrmals einstechen. Auf mittlerem Einschub ca. 15 Minuten backen.

4. Schwarze Johannisbeeren, Zucker und Wasser aufkochen, kurze Zeit kochen lassen, dann mit dem Zitronensaft im Mixer pürieren. Das Püree durch ein Sieb streichen. Auskühlen lassen. Gelin rasch unter das Püree rühren. Den Mascarpone darunterziehen. Die Sahne steif schlagen und unter die Creme ziehen.

5. Johannisbeermasse in die geschlossene Springform gießen. Im Kühlschrank während ein paar Stunden fest werden lassen.

Abbildung Seite 49

Johannisbeertorte

Für eine Springform von 26 cm Ø

Mürbeteig

- *200 g Vollkornmehl*
- *70 g Vollrohrzucker*
- *140 g Butter*
- *1 Freilandei*

Füllung

- *250 g Vollrohrzucker*
- *2 Freilandeier*
- *3 Eiweiß von Freilandeiern*
- *80 g geschälte, geriebene Mandeln*
- *600 g weiße und/oder rote Johannisbeeren*

1. Den Teig zubereiten wie auf Seite 43 beschrieben. Den Teig ausrollen und in die gefettete Springform legen, dabei einen etwa 3 cm hohen Rand formen.

2. Ofen auf 180 Grad vorheizen.

3. Für die Füllung den Zucker mit den Eiern zu einer hellen, luftigen Creme rühren. Das Eiweiß zu Schnee schlagen, zusammen mit den Mandeln unter die Eigelbcreme ziehen. Zuletzt die Beeren unter die Creme rühren. Die Beerenmasse auf den Teigboden verteilen.

4. Johannisbeerkuchen auf mittlerem Einschub rund 35 Minuten backen.

Stachelbeer-Kuchen

Für eine Form von 30 cm Ø

Mürbeteig

- *250 g Vollkornmehl*
- *1 TL Backpulver*
- *1 EL Vollrohrzucker*
- *100 kalte Butter*
- *5 EL Wasser*

- *700 g Stachelbeeren*
- *100 g Vollrohrzucker*

Streusel

- *150 g Butter*
- *100 g Vollrohrzucker*
- *100 g Vollkornmehl*
- *100 g geriebene Haselnüsse*

1. Teig zubereiten: Seite 43.

2. Den Teig ausrollen und in die gefettete Form legen. Mehrmals einstechen. Stachelbeeren darauf verteilen, Zucker darüberstreuen.

3. Ofen auf 200 Grad vorheizen.

4. Für die Streusel die Butter in Stückchen schneiden und mit den restlichen Zutaten vermengen. Über dem Kuchen krümelig reiben.

5. Stachelbeerkuchen auf mittlerem Einschub 30 Minuten backen.

Abbildung Seite 53

Himbeer surprise

- *150 g Haselnüsse*
- *6 Zwieback*
- *100 g Butter, flüssig*
- *5 EL Vollrohrzucker*

- *500 g Himbeeren*
- *3 EL Honig*
- *4 EL Kirsch, nach Belieben*
- *400 g/4 dl Sahne/Rahm oder Halbrahm*
- *1 Beutel Vanillezucker*

- *2 EL Vollrohrzucker*
- *2 EL Wasser*

1. Ofen auf 200 Grad vorheizen.

2. Die Haselnüsse mit dem Messer nicht zu fein hacken.

3. Den Zwieback in einem Plastikbeutel mit dem Teigroller grob zerbröckeln.

4. Nüsse und Zwieback in eine Schüssel geben. Die flüssige Butter und den Zucker darunterrühren. Die Nußmasse auf ein mit Backpapier belegtes viereckiges Kuchenblech geben und knapp 1 cm dick zu einem Viereck formen, sehr gut zusammenschieben und festdrücken. Den Nußboden im vorgeheizten Ofen auf mittlerem Einschub 10 Minuten backen. Auskühlen lassen, dann in Vierecke schneiden.

5. Die Himbeeren, den Honig und den Kirsch mischen.

6. Sahne und Vanillezucker steif schlagen.

7. Zucker und Wasser in einer Pfanne bei schwacher Hitze hellbraun karamelisieren, dies dauert etwa 8 Minuten.

8. Das Vollkorngebäck mit der Sahne decken. Karamel darüberträufeln. Mit den Himbeeren belegen.

Himbeer surprise (vorn)
Stachelbeerkuchen (hinten),
Rezept Seite 51

Savarin mit Johannisbeeren

Für eine Ringform von 23 cm Durchmesser oder 4 kleine Förmchen

Savarin

- *20 g frische Hefe*
- *150 ml/1,5 dl warme Milch*
- *250 g Vollkornmehl*
- *3 EL Vollrohrzucker*
- *3 Freilandeier*
- *1 Prise Meersalz*

Kompott

- *150 ml/1,5 dl fruchtiger Rotwein*
- *100 g Vollrohrzucker*
- *1 Orange, Saft, oder 50 ml/0,5 dl Orangensaft*
- *500 g rote Johannisbeeren*

1. Die Hefe in der Hälfte der Milch auflösen. Das Mehl mit dem Zucker vermengen, aufgelöste Hefe, restliche Milch, Eier und Meersalz darunterrühren. 5 Minuten rühren, es soll ein geschmeidiger, zähflüssiger Teig entstehen. Sobald sich Blasen bilden, den Teig in die mit Butter ausgepinselten Savarinförmchen füllen. Während ca. 20 Minuten bis zum Formenrand gehen lassen.

2. Ofen auf 200 Grad vorheizen.

3. Savarin auf mittlerem Einschub 15 Minuten backen.

4. Für das Kompott den Rotwein mit dem Zucker und dem Orangensaft aufkochen, die Pfanne vom Feuer ziehen, die Beeren beifügen. Über den noch heißen Savarin gießen. Den Savarin nach Belieben warm oder kalt servieren.

Variante: Rotwein durch Orangensaft ersetzen.

Johannisbeertörtchen mit Mandelcreme, Rezept Seite 57, Savarin mit Johannisbeeren (hinten)

Buchweizenrolle mit Preiselbeercreme

Biskuit

- *4 Eigelb von Freilandeiern*
- *4 EL Birnendicksaft*
- *4 Eiweiß von Freilandeiern*
- *60 g Buchweizenmehl*
- *60 g Vollkornmehl*

- *2 EL flüssige Butter*
- *80 g Mandelblättchen*

Füllung

- *200 g/2 dl Sahne/Rahm*
- *3 EL Honig*
- *100 g Mascarpone*
- *70 g Gelin*
- *300 g Preiselbeeren*

1. Für das Biskuit Eigelb und Birnendicksaft zu einer hellen, luftigen Creme rühren. Das Eiweiß zu Schnee schlagen, abwechslungsweise mit dem Mehl vorsichtig unter die Eigelbmasse heben.

2. Ofen auf 160 Grad vorheizen.

3. Ein Backpapier mit flüssiger Butter bepinseln und auf den Blechrücken (Blech ca. 35 x 40 cm) legen, den Teig auf dem Papier ausstreichen. Die Mandelblättchen darüberstreuen.

4. Das Biskuit auf mittlerem Einschub 20 Minuten backen. Das Biskuit auf ein zweites mit Butter eingepinseltes Backpapier stürzen und mit dem umgekehrten Blech bedecken. Das Biskuit unter dem Blech vollständig auskühlen lassen, es bleibt so schön feucht und kann später gut eingerollt werden.

5. Für die Füllung die Sahne steif schlagen. Den Honig beigeben und kurz weiterschlagen. Den Mascarpone beifügen und nochmals kurz weiterschlagen. Dann das Gelin dazugeben und gut mit der Creme verrühren. Es muß schnell gearbeitet werden. Die Beeren sorgfältig unter die Creme rühren.

6. Das Backpapier entfernen. Das Biskuit mit der Beerencreme bestreichen und mit Hilfe des Backpapiers von einer Schmalseite her satt zu einer Roulade einrollen. Bis zum Servieren kühl stellen.

Johannisbeertörtchen mit Mandelcreme

für ca. 10 Törtchen

Mürbeteig

- *300 g Vollkornmehl*
- *100 g Vollrohrzucker*
- *200 g Butter*
- *1 Freilandei*

- *getrocknete Erbsen, zum Blindbacken*

Creme

- *100 g geriebene Mandeln*
- *200 g/2 dl Sahne/Rahm*
- *3 EL Birnendicksaft*
- *2 Tropfen Bittermandelaroma*
- *500 g Johannisbeeren*
- *150 g Johannisbeergelee*

1. Den Teig zubereiten wie auf Seite 43 beschrieben. Den Teig ausrollen und Rondellen in der Größe der Portionenförmchen ausstechen. In die gebutterten Förmchen legen. 30 Minuten kühl stellen.

2. Ofen auf 200 Grad vorheizen.

3. Die Erbsen zum Blindbacken in die Förmchen füllen und das Gebäck im vorgeheizten Ofen auf mittlerem Einschub 15 Minuten backen. Etwas auskühlen lassen, dann die Erbsen entfernen.

4. Für die Creme die Mandeln bei mittlerer Hitze hellbraun rösten, auskühlen lassen. Die Sahne steif schlagen, mit den Mandeln, dem Birnendicksaft und dem Bittermandelaroma mischen.

5. Die Creme in die ausgekühlten Teigböden füllen. Die Johannisbeeren mit dem Gelee vermengen und erst kurz vor dem Servieren auf die Creme häufen.

Johannisbeertörtchen mit Mandelcreme, Abbildung Seite 55

Blechkuchen mit Beeren-Dreierlei

Für ein Kuchenblech
von ca. 35 x 40 cm, ergibt 24 Stücke

Mürbeteig

- *400 g Vollkornmehl*
- *150 g Vollrohrzucker*
- *wenig Meersalz*
- *300 g Butter*
- *2 Freilandeier*

Guß

- *100 g geriebene Mandeln*
- *100 g Vollrohrzucker*
- *3 Freilandeier*
- *650 ml/6,5 dl Milch*
- *1 Zitrone, abgeriebene Schale und Saft*

Füllung

- *500 g Johannisbeeren*
- *5 EL Johannisbeergelee, flüssig*
- *500 g Erdbeeren*
- *500 g Himbeeren*

- *300 g/3 dl Sahne/Rahm*
- *1 Beutel Vanillezucker*

1. Den Teig zubereiten wie auf Seite 43 beschrieben.

2. Ofen auf 220 Grad vorheizen.

3. Den Teig auf Blechgröße ausrollen und in das gebutterte Kuchenblech legen. Mit einer Gabel mehrmals einstechen.

4. Die Zutaten für den Guß gut miteinander verrühren, dann auf dem Teigboden verteilen.

5. Teigboden auf mittlerem Einschub etwa 15 Minuten hellbraun backen. Die Blasen, die während des Backens entstehen, einstechen. Dann den Teig auskühlen lassen.

6. Johannisbeeren mit dem Gelee vermengen. Sämtliche Beeren reihenweise oder auch gemischt auf den Teigboden legen.

7. Die Sahne mit dem Vanillezucker steif schlagen. In einen Spritzbeutel füllen und den Kuchen gitterartig damit garnieren, oder Rosetten spritzen.

Blechkuchen mit Beeren-Dreierlei

Griessköpfchen mit Beeren

für 4 Portionenförmchen

Grieß

- *250 ml/2,5 dl Wasser*
- *20 g Butter*
- *1 Prise Meersalz*
- *50 g Vollrohrzucker*
- *65 g Vollkorngrieß*
- *2 Freilandeier*
- *4 EL Zitronensaft*
- *2 Eiweiß von Freilandeiern*

Kompott

- *500 g Erdbeeren*
- *2 EL Honig*
- *2 EL Mandelblättchen, geröstet*

1. Für den Grieß das Wasser zusammen mit der Butter, dem Salz und dem Zucker aufkochen. Den Grieß einrieseln lassen, unter Rühren aufkochen und auf kleinem Feuer 2 bis 3 Minuten köcheln lassen, bis sich ein Kloß gebildet hat. Die Eier nacheinander unter den Grieß rühren. Zitronensaft zufügen. Das Eiweiß zu Schnee schlagen und unter den Grieß ziehen.

2. Ofen auf 180 Grad vorheizen.

3. Die Grießmasse in die gut gefetteten Soufléförmchen füllen.

4. Soufléförmchen in eine ofenfeste Form oder in einen Bräter stellen. So viel kochendes Wasser dazugießen, daß die Förmchen bis zu zwei Dritteln im Wasserbad stehen. Grießköpfchen auf mittlerem Einschub 20 Minuten pochieren.

5. Für das Kompott die Erdbeeren mit dem Honig aufkochen, köcheln lassen, bis ein Kompott entsteht.

6. Die heißen Köpfchen stürzen, mit dem Kompott umgießen und mit den Mandelblättchen bestreuen.

Brombeerkuchen

Für eine Springform von 26–28 cm Durchmesser

Quarkblätterteig

- *150 g Vollkornmehl*
- *50 g Vollrohrzucker*
- *100 g kalte Butter, in Stückchen*
- *100 g Vollmilchquark*

Füllung

- *2 Eigelb von Freilandeiern*
- *120 g Honig*
- *100 g geriebene Mandeln*
- *4 Eiweiß von Freilandeiern*
- *50 g Vollkorngrieß*
- *500 g Brombeeren*

1. Den Teig zubereiten wie auf Seite 43 beschrieben.

2. Den Teig ausrollen und in die gefettete Springform legen, dabei einen etwa 3 cm hohen Rand formen.

3. Ofen auf 180 Grad vorheizen.

4. Für die Füllung die Eigelb mit dem Honig zu einer hellen, luftigen Creme rühren. Die Mandeln beifügen. Das Eiweiß zu Schnee schlagen, mit dem Grieß sorgfältig unter die Eigelbmasse ziehen. Die Beeren unter die Masse heben und bergartig auf den Teigboden verteilen.

5. Brombeerkuchen auf mittlerem Einschub 45 Minuten backen. Falls der Kuchen zu dunkel wird, die Springform mit Alufolie abdecken.

Tip: Schmeckt warm besonders gut.

Himbeertoast mit Vanillecreme

Vanillecreme

- *400 ml/4 dl Milch*
- *2 Eigelb von Freilandeiern*
- *2 TL Maisstärke*
- *4 EL Honig*
- *1 Vanilleschote, aufgeschlitzt*

- *16 dünne Brotscheiben, z. B. Toastbrot, Semmeln, Baguette*
- *60 g weiche Butter*
- *400 g Himbeeren*
- *4 EL flüssiger Honig*

1. Für die Vanillecreme Milch, Eigelb, Maisstärke und Honig in einen Kochtopf geben und glatt rühren. Das ausgekratzte Vanillemark und die Schotenhälften dazugeben. Bei nicht zu starker Hitze unter stetem Rühren aufkochen. Den Topf vom Feuer ziehen und kurz weiterrühren. Die Vanillecreme auskühlen lassen, öfters rühren. Die Vanilleschote entfernen.

2. Die Brotscheiben auf beiden Seiten sparsam mit Butter bestreichen. In einer nicht zu heißen Bratpfanne beidseitig hellbraun braten.

3. Die Beeren mit dem Honig mischen.

4. Die Vanillecreme auf Teller verteilen. Darauf je eine Brotscheibe legen. Dieses dicht mit Himbeeren belegen. Mit der zweiten Brotscheibe decken. Die restliche Vanillecreme darübergießen. Sofort servieren.

Himbeerquark mit Melonen

- *250 g Himbeeren*
- *80 g Honig*
- *1/2 Zitrone, abgeriebene Schale*
- *500 g Vollmilchquark*
- *6 EL Kürbiskerne*
- *3 EL Sonnenblumenkerne*
- *1 kleine Melone*
- *250 g Himbeeren*

1. Die Himbeeren mit dem Honig und den abgeriebenen Zitronenschalen pürieren, mit dem Quark vermengen.

2. Die Kürbis- und Sonnenblumenkerne in einer Pfanne ohne Fettzugabe bräunen, auskühlen lassen.

3. Die Melone halbieren, Kerne entfernen, in Schnitze schneiden und die Schale wegschneiden. Die Schnitze in Stücke schneiden.

4. Melonenstückchen und restliche Himbeeren unter den Himbeerquark rühren. Die Kerne darüberstreuen.

Himbeertoast mit Vanillecreme (vorn)
Erdbeer-Charlotte (hinten), *Rezept Seite 64*

Erdbeer-Charlotte

für eine Souffléform von 1 Liter Inhalt als kleine Mahlzeit für 4 Personen

- *650 g Erdbeeren*
- *2 EL flüssiger Honig*
- *180 g Vollkornzwieback*

Joghurtsauce

- *1 Becher Joghurt nature (180 g)*
- *1/2 Zitrone, abgeriebene Schale*
- *1 Prise gemahlener Sternanis*
- *1 Prise gemahlener Kreuzkümmel*
- *1 EL Honig*

1. 150 g Erdbeeren in Scheiben schneiden und auf die Seite stellen.

2. Die restlichen Erdbeeren halbieren, den Honig dazugeben. Die Beeren mit einer Gabel gut zerdrücken.

3. Boden und Wand der Souffléform mit Zwiebackscheiben auskleiden. Den restlichen Zwieback grob zerbröckeln.

4. Wenig Beerenpüree auf den Zwiebackboden gießen, mit wenig zerbröckeltem Zwieback bestreuen. So weiterfahren, bis der Zwieback und die Beeren aufgebraucht sind, dabei die Masse von Zeit zu Zeit mit einem Eßlöffel zusammendrücken. Mit dem Zwieback abschließen. Einen Teller im Durchmesser der Form auf den Zwieback legen, diesen mit einem schweren Gegenstand (z. B. mit einer Schüssel) 3 bis 4 Stunden an einem kühlen Ort beschweren.

5. Erdbeer-Charlotte stürzen. Mit den restlichen Beeren garnieren.

6. Für die Joghurtsauce sämtliche Zutaten verrühren.

*Erdbeer-Charlotte,
Abbildung Seite 63*

Reis-Savarin mit Himbeeren

- *450 ml/4,5 dl Milch*
- *1 Vanilleschote, aufgeschlitzt*
- *75 g Rundkorn-Naturreis*
- *3 EL flüssiger Honig*
- *200 g/2 dl Sahne/Rahm*
- *1 Beutel Agar-Agar-Pulver*

Sauce

- *600 g Himbeeren*
- *2 EL flüssiger Honig*
- *200 ml/2 dl Weißwein oder Orangensaft*

1. Milch, Vanillemark und Vanilleschoten aufkochen. Den Reis dazugeben und 50 Minuten auf kleinem Feuer zugedeckt köcheln lassen. Schoten entfernen, Honig darunterrühren.

2. Agar-Agar-Pulver mit der Sahne verrühren und zum noch warmen Reis geben. Nochmals aufkochen und etwa 3 Minuten kochen lassen.

3. Den Reis in eine Ringform füllen, abkühlen lassen, dann kalt stellen.

4. Für die Sauce 200 g Himbeeren pürieren und durch ein Sieb streichen. Den Honig und den Weißwein oder den Orangensaft darunterrühren.

5. Savarin stürzen, mit der Himbeersauce umgießen. Die restlichen Himbeeren rundum verteilen.

Beerenmüsli

- *100 g Haferflocken*
- *2 EL Rosinen*
- *200 ml/2 dl Apfelsaft*
- *1 EL Zitronensaft*
- *2 Möhren/Karotten*
- *500 g gemischte Beeren*
- *200 g Cottage Cheese/ Hüttenkäse*
- *2 EL Birnendicksaft*
- *30 g Kürbiskerne, geröstet*

1. Haferflocken und Rosinen in eine Schüssel geben. Den Apfel- und Zitronensaft darübergießen. 30 Minuten ziehen lassen.

2. Die Möhren schälen und mit der Bircher-Rohkostreibe direkt zum Müsli reiben. Beeren, Cottage Cheese und Birnendicksaft daruntermischen. Mit den Kürbiskernen garnieren.

Mandelreis mit Erdbeerkompott

- *600 ml/6 dl Milch*
- *60 g Vollrohrzucker*
- *1 Prise Meersalz*
- *3 Tropfen Bittermandelaroma*
- *120 g Rundkorn-Naturreis*
- *75 g geriebene Mandeln*
- *750 g Erdbeeren*
- *125 g Johannisbeergelee*
- *3 EL Mandelblättchen*

1. Milch, Zucker, Salz und Bittermandelaroma aufkochen. Den Reis und die geriebenen Mandeln darunterrühen. Bei schwacher Hitze etwa 35 Minuten ausquellen lassen, dabei gelegentlich umrühren. Der Reis soll alle Flüssigkeit aufnehmen. Erkalten lassen.

2. Die Erdbeeren halbieren. Das Johannisbeergelee bei schwacher Hitze schmelzen, mit den Erdbeeren mischen. 1 Stunde ziehen lassen.

3. Mandelblättchen rösten.

4. Vom Mandelreis mit einem Eßlöffel Portionen abstechen und diese zu Kugeln formen, in den Mandelblättchen drehen.

5. Reiskugeln und Erdbeerkompott anrichten.

Frischkornmüsli

für 4 bis 6 Portionen

- *50 g Roggenschrot*
- *50 g Weizenschrot*
- *500 g Magerquark*
- *100 ml/1 dl Milch*
- *5 EL flüssiger Honig*
- *2 Pfirsiche, klein geschnitten*
- *200 g Himbeeren*
- *200 g Stachelbeeren*
- *100 g Walderdbeeren, nach Belieben*
- *50 g Weizenkeim- oder Hirseflocken*

1. Roggen- und Weizenschrot über Nacht in wenig kaltem Wasser zugedeckt quellen lassen. Das Wasser weggießen.

2. Quark, Milch und Honig glatt rühren. Den Schrot darunterrühren. Die kleingeschnittenen Pfirsiche und die Beeren mit dem Müsli mischen. Die Flocken erst kurz vor dem Servieren beifügen.

*Frischkornmüsli (vorn)
Mandelreis mit Erdbeer-Kompott (hinten)*

Holunderkompott mit Pfannkuchen

Pfannkuchen

- *250 ml/2,5 dl Milch*
- *2 Freilandeier*
- *4 TL flüssiger Honig*
- *100 g Vollkornzwieback, fein zerstoßen*
- *60 g Sultaninen*
- *2 Msp Zimtpulver*

- *4 EL Butterschmalz/Bratbutter, zum Braten*

Kompott

- *500 g Holunderbeeren*
- *100 g Honig*
- *1 Vanilleschote, aufgeschlitzt*
- *200 ml/2 dl fruchtiger Rotwein*

- *4 TL Maisstärke*
- *2 EL Rotwein*

1. Für die Pfannkuchen Milch, Eier und Honig verrühren. Zwieback, Sultaninen und Zimt darunterrühren. 30 Minuten stehen lassen.

2. Für das Kompott Beeren, Honig, ausgekratztes Vanillemark, Vanilleschoten und Rotwein aufkochen, 5 Minuten auf kleinem Feuer köcheln lassen. Die Vanilleschoten entfernen. Die Maisstärke mit dem restlichen Rotwein verrühren und unter das Kompott rühren. Nochmals erhitzen und kurz köcheln lassen.

3. In einer nicht klebenden Bratpfanne 8 Pfannkuchen im heißen Butterschmalz beidseitig goldgelb braten.

4. Das Kompott mit je zwei Pfannkuchen auf Tellern anrichten.

Stachelbeerkompott mit Griessklösschen

Kompott

- *100 ml/1 dl Weißwein*
- *100 ml/1 dl Wasser*
- *100 g Vollrohrzucker*
- *750 g Stachelbeeren*
- *20 g Maisstärke*
- *50 ml/0,5 dl Wasser*

Grießklößchen

- *250 ml/2,5 dl Milch*
- *1 Prise Meersalz*
- *2 EL Birnendicksaft*
- *75 g Butter*
- *100 g Vollkorngrieß*
- *2 Freilandeier*

1. Für das Kompott Wein, Wasser und Zucker aufkochen. Die Stachelbeeren dazugeben und ca. 2 Minuten köcheln lassen. Topfinhalt in ein Sieb gießen und die Flüssigkeit auffangen. Die Beeren in eine Schüssel geben.

2. Den Weinsirup abermals aufkochen und die mit dem Wasser angerührte Maisstärke darunterrühren. Kurz köcheln lassen, dann über die Beeren gießen und erkalten lassen.

3. Für die Grießklößchen Milch, Salz, Birnendicksaft und Butter aufkochen. Den Grieß einrieseln lassen und unter Rühren zu einem Kloß kochen. Nach und nach die Eier darunterrühren.

4. In einem Kochtopf leicht gesalzenes Wasser erhitzen. Von der Grießmasse 16 Klößchen abstechen und diese im schwach kochenden Wasser 5 bis 7 Minuten ziehen lassen. Mit dem Schaumlöffel herausnehmen.

5. Stachelbeerkompott und Grießklößchen anrichten.

Abbildung Seite 71

Beeren auf Knusperkuchen

für eine Springform von 26 cm Ø

- *750 g Beeren, z. B. Himbeeren, Heidelbeeren*
- *1 Limone, abgeriebene Schale und Saft*
- *3 EL flüssiger Honig*

- *3 Becher Joghurt nature (je 180 g)*

Knusperteig

- *150 g Vollkorn-Haferflocken*
- *75 g Vollkornmehl*
- *100 g Vollrohrzucker*
- *100 g Butter*

1. Den Boden der Springform mit Backpapier belegen.

2. Beeren in eine Schüssel geben. Abgeriebene Limonenschale, Limonensaft und Honig verrühren und über die Beeren gießen. Sorgfältig mischen (schütteln). Beeren marinieren.

3. Ofen auf 200 Grad vorheizen.

4. Haferflocken, Mehl und Zucker in einer Schüssel mischen. Butter in Stücke schneiden und gründlich in die Haferflockenmischung einarbeiten. Den Teig in die Springform füllen und glatt streichen.

5. Knusperteig auf mittlerem Einschub 20 Minuten backen, bis das Gebäck goldgelb ist. Auskühlen lassen und in Stücke brechen.

6. Den Boden einer flachen Dessertschüssel mit dem Knusperteig auslegen. Zuerst den Joghurt, dann die marinierten Beeren darauf verteilen.

*Stachelbeerkompott mit Grießklößchen (vorn), Rezept Seite 69
Beeren auf Knusperkuchen (hinten)*

Beeren-Eistorte

Für eine Springform von 24 bis 26 cm Durchmesser; 12 Stücke

- *500 g Himbeeren und rote Johannisbeeren, gemischt*
- *200 ml/2 dl Wasser*
- *300 g Honig*
- *300 g/3 dl Sahne/Rahm*
- *1 Beutel Vanillezucker*
- *500 g schwarze Johannisbeeren*
- *2 EL Honig*

- *Beeren für die Garnitur*

1. Die Springform mit einem Backpapier auslegen.

2. Die Himbeeren und roten Johannisbeeren mit 100 ml/1 dl Wasser und 150 g Honig im Mixer pürieren. In die Springform füllen. Die Beerenmasse im Tiefkühler fest werden lassen.

3. Die Sahne mit dem Vanillezucker und 2 EL Honig steif schlagen, auf dem festgewordenen Beerenpüree ausstreichen und erneut in den Tiefkühler stellen.

4. Die schwarzen Johannisbeeren mit dem restlichen Wasser (100 ml/1 dl) und dem restlichen Honig (150 g) pürieren. Auf dem festgewordenen Sahneeis ausstreichen. Zurück in den Tiefkühler stellen.

5. Die Eistorte vor dem Servieren mit Beeren garnieren.

Coupe Holunder

- *2 TL Maisstärke*
- *100 ml/1 dl fruchtiger Rotwein*
- *4 EL Vollrohrzucker*
- *½ Vanilleschote, aufgeschlitzt*
- *250 g Holunderbeeren*

- *4 Portionen Vanilleeis (Seite 79)*

- *150 g/1,5 dl Schlagsahne/Rahm*

1. Die Maisstärke mit 2 Eßlöffeln Rotwein verrühren.

2. Den restlichen Rotwein mit dem Zucker, dem ausgekratzten Vanillemark und den Vanilleschoten aufkochen, 10 Minuten köcheln lassen. Schoten entfernen, die Holunderbeeren beifügen. Die angerührte Maisstärke zum Kompott geben, aufkochen und kurz köcheln lassen.

3. Je zwei Kugeln Vanilleeis in jedes Coupeglas geben. Das Holunderkompott darübergießen. Mit der steifgeschlagenen Sahne garnieren.

Beeren-Eistorte

Beerenpüree – Grundrezept

- *200 g Beeren*
- *50 g Vollrohrzucker*
- *$^{1}/_{2}$ Zitrone, Saft*

1. Alle Zutaten pürieren und durch ein Sieb streichen.

Tip: Eignet sich als Sauce zu Eis.

Brombeeren
Erdbeeren
Heidelbeeren
Himbeeren
Holunderbeeren
Johannisbeeren
Preiselbeeren
Stachelbeeren

Beerensorbet – Grundrezept

für ca. 1 l Sorbet

- *250 g Vollrohrzucker*
- *200 ml/2 dl Wasser*
- *$^{1}/_{2}$ Zitrone, Saft*
- *600 g Beeren*

1. Zucker, Wasser und Zitronensaft aufkochen und rühren, bis sich der Zucker aufgelöst hat. Die Beeren dazugeben und 1 Minute kochen lassen.

2. Beerenmasse durch ein Sieb streichen. Oder im Mixer pürieren und dann durch ein Sieb streichen. Erkalten lassen. Dann in der Eismaschine oder im Tiefkühler gefrieren.

Tip: Durch das Aufkochen der Früchte wird der Beerengeschmack intensiver.

Brombeeren
Erdbeeren
Heidelbeeren
Himbeeren
Holunderbeeren
Johannisbeeren
Preiselbeeren
Stachelbeeren

Birnensorbet mit Brombeerpüree

für 1 l Sorbet

- *1 kg sehr reife Birnen, z. B. Williams*
- *200 ml/2 dl Apfelsaft*
- *1 Vanilleschote, aufgeschlitzt*
- *3 EL Birnendicksaft*

Brombeersauce

- *350 g Brombeeren*
- *60 g Vollrohrzucker*

1. Die Birnen schälen, vierteln und das Kerngehäuse herausschneiden. Früchte zerkleinern.

2. Birnen, Apfelsaft und ausgekratztes Vanillemark aufkochen. Die Früchte auf kleinem Feuer gut weich kochen. Topfinhalt samt Birnendicksaft pürieren. Abkühlen lassen.

3. Das Birnenpüree in der Eismaschine gefrieren lassen. Wenn man das Püree zum Gefrieren in den Tiefkühler stellt, von Zeit zu Zeit kräftig rühren, bis die Masse fest ist.

4. Für die Sauce Brombeeren und Zucker pürieren. Die Beerenmasse durch ein Sieb streichen.

5. Brombeersauce in Gläser füllen. Vom Birnensorbet mit dem Eisportionierer Kugeln abstechen und darauf anrichten.

Abbildung Seite 77

Erdbeer-Joghurt-Eis an schwarzer Johanisbeersauce

8 Portionen

- *2 Becher Joghurt nature (je 180 g)*
- *100 g Honig*
- *½ Zitrone, Saft*
- *300 g Erdbeeren*
- *150 g/1,5 dl Sahne/Rahm oder Halbrahm*

Sauce

- *500 g schwarze Johannisbeeren*
- *100 g Vollrohrzucker*
- *4 EL Kirsch, nach Belieben*

1. Joghurt, Honig und Zitronensaft glatt rühren.

2. Die Erdbeeren pürieren und mit der Joghurtcreme vermengen.

3. Die Sahne steif schlagen und unter die Erdbeercreme ziehen. In der Eismaschine oder im Tiefkühler gefrieren lassen.

4. Für die Sauce alle Zutaten im Mixer pürieren und durch ein Sieb streichen.

5. Vom Erdbeereis mit einem Eisportionierer Kugeln abstechen und diese mit der Sauce übergießen.

Heidelbeer-Eisbombe

6 Portionen

- *300 g Heidelbeeren*
- *3 EL Wasser*
- *200 g Vollrohrzucker*
- *200 ml/2 dl Wasser*
- *2 Eigelb von Freilandeiern*
- *2 EL Zitronensaft*
- *250 ml/2,5 dl Buttermilch*
- *200 g/2 dl Sahne/Rahm*

- *Sahne/Rahm, für die Garnitur*

1. Die Beeren und die 3 Eßlöffel Wasser aufkochen, kurz kochen lassen, dann durch ein Sieb streichen. Ergibt ca. 150 ml/1,5 dl Püree.

2. Zucker und Wasser aufkochen und während rund 20 Minuten zu einem Sirup einkochen.

3. Eigelb und heißen Zuckersirup zu einer hellen, cremigen Masse aufschlagen. Das Heidelbeerpüree, den Zitronensaft und zum Schluß die Buttermilch darunterrühren. Die Sahne steif schlagen und darunterziehen. Die Masse in zwei Portionen in die Eismaschine geben oder in einer Schüssel im Tiefkühler gefrieren lassen.

4. Zum Anrichten die Schüssel kurz in ein heißes Wasserbad stellen und auf einen Teller stürzen. Mit geschlagener Sahne und Zuckerblumen garnieren.

Stachelbeereis mit Nüssen

- *400 g Stachelbeeren*
- *150 g Honig*
- *50 ml/0,5 dl Weißwein*
- *200 g/2 dl Sahne/Rahm*
- *50 g Walnuß-/Baumnußkerne, grob gehackt*

1. Die Stachelbeeren mit dem Honig und dem Weißwein aufkochen und 2 Minuten köcheln lassen. Die Hälfte der Beeren mit einem Schaumlöffel aus dem Kochtopf nehmen und zur Seite stellen. Die restlichen Beeren sehr weich kochen und mit dem Saft pürieren. Auskühlen lassen.

3. Die Sahne steif schlagen und unter das Stachelbeerpüree ziehen. Die Nüsse und die zur Seite gestellten Beeren ebenfalls darunterrühren. Im Tiefkühler gefrieren lassen.

Abbildung Seite 79

*Birnensorbet mit Brombeerpüree (vorn), Rezept Seite 75
Heidelbeer-Eisbombe (hinten)*

Preiselbeerparfait mit Heidelbeer-Holunder-Sauce

für eine Kasten-/Cakeform von 1 l Inhalt

Parfait

- *200 g Vollrohrzucker*
- *200 g frische Preiselbeeren*
- *100 ml/1 dl Wasser*
- *4 Eigelb von Freilandeiern*
- *4 EL Kirsch, nach Belieben*
- *2 EL Zitronensaft*
- *250 g/2,5 dl Sahne/Rahm*

Sauce

- *150 ml/1,5 dl Holunderbeersaft*
- *70 g Vollrohrzucker*
- *10 g Maisstärke*
- *300 g Heidelbeeren*

1. Für das Parfait 100 g Zucker karamelisieren. Die Preiselbeeren dazugeben und so lange kochen, bis der Karamel sich aufgelöst hat und die Beeren verkocht sind. Das Beerenpüree durch ein Sieb streichen und abkühlen lassen.

2. Den restlichen Zucker mit dem Wasser aufkochen und 3 Minuten sprudelnd kochen.

3. Eigelb, Kirsch und Zitronensaft zu einer hellen, luftigen Creme rühren. Den heißen Sirup nach und nach unter Rühren zum heißen Zuckersirup geben. Rühren, bis die Creme dick ist. Das Preiselbeerpüree darunterrühren. Die Masse im kalten Wasserbad kalt rühren. Dann in die Form füllen und im Tiefkühler gefrieren lassen.

4. Für die Sauce Holunderbeersaft, Zucker und Maisstärke verrühren und aufkochen. Heidelbeeren dazugeben, erkalten lassen.

Stachelbeereis mit Nüssen (vorn), Rezept Seite 76
Preiselbeerparfait mit Heidelbeer-Holunder-Sauce (hinten)

Holunderbeeren-Grog

für 2 Portionen

- *450 g Holunderbeeren*
- *50 ml/0,5 dl Wasser*
- *1 Zitrone*
- *1/4 Birne, geschält und entkernt, in Spalten*
- *2 Gewürznelken*
- *8 EL Whisky*
- *2 EL Birnendicksaft*

1. Die Holunderbeeren mit dem Wasser aufkochen, 5 Minuten kochen lassen. Den Topfinhalt durch ein Chromstahlsieb streichen.

2. Den Saft einer halben Zitrone auspressen, die andere Hälfte in Scheiben schneiden.

3. Die Birnenspalten in kleine Würfel schneiden. Mit dem Zitronensaft beträufeln.

4. Birnenwürfel, Nelken, Whisky, Birnendicksaft und zwei Zitronenscheiben auf 2 Gläser verteilen. Den Holundersaft dazugießen. Mit den restlichen Zitronenscheiben garnieren.

Stachelbeer-Himbeer-Saft

für ca. 1,5 l

- *1 kg grüne Stachelbeeren*
- *500 g Himbeeren*
- *500 g Vollrohrzucker*
- *1/2 l Wasser*

1. Sämtliche Zutaten in einen Kochtopf geben. Aufkochen und zugedeckt köcheln lassen, bis die Beeren allen Saft abgegeben haben (ca. 30 Minuten). Den Topfinhalt zuerst durch ein Sieb, dann den Saft durch ein Mulltuch (Gazetuch) absieben.

2. Beerensaft nochmals erhitzen und in Flaschen abfüllen.

Sommerbowle

für ca. 1,5 l

- *250 g kleine, reife Erdbeeren*
- *1 kleine Melone*
- *250 g Himbeeren*
- *1/2 Zitrone, Saft*
- *2 Flaschen trockener Weißwein (1,4 l), gekühlt*
- *6–8 TL Birnendicksaft*

Garnitur

- *einige Basilikumblättchen*

1. Die Erdbeeren halbieren.

2. Die Melone halbieren, Kerne herausschaben. Die Hälften in Schnitze schneiden und die Schale wegschneiden. Die Schnitze in mundgerechte Würfel schneiden. Oder von den Fruchthälften mit dem Kugelausstecher Kugeln ausstechen.

3. Sämtliche Früchte in einen großen Krug oder in eine Glasbowle geben. Den Zitronensaft darüberträufeln. Den Wein dazugießen. Mit dem Birnendicksaft süßen. Mit den Basilikumblättchen garnieren. Eisgekühlt servieren.

Abbildung Seite 83

Erdbeercocktail

für ca. 1 l

- *500 g Erdbeeren*
- *1 Orange, abgeriebene Schale*
- *50 ml/0,5 dl Grand Marnier*
- *1/2 l Rotwein*
- *ca. 75 g Vollrohrzucker*

1. Die Erdbeeren zerkleinern. Mit den restlichen Zutaten ins Mixerglas geben und fein pürieren. Kühl servieren.

Abbildung Seite 83

Erdbeerfrappé

Vanilleeis

- *3 Eigelb von Freilandeiern*
- *4 EL Honig*
- *2 EL heißes Wasser*
- *1/2 l Milch*
- *1 Vanilleschote, aufgeschlitzt*

Erdbeerfrappé

- *500 g Erdbeeren*
- *1/2 l Sauermilch*
- *5 EL Honig*
- *einige Pfefferminzblättchen, für die Garnitur*

1. Eigelb, Honig und Wasser mit dem Schneebesen zu einer hellen, luftigen Creme rühren.

2. Milch, ausgekratztes Vanillemark und Vanilleschoten aufkochen, die Vanilleschoten entfernen. Die Milch mit dem Schneebesen unter die Eigelbmasse rühen. Die Creme in den Kochtopf zurückgießen und unter stetem Rühren bis vors Kochen bringen, bis die Creme dicklich wird. Die Creme auskühlen lassen. In einem geeigneten Behälter tiefgefrieren.

3. Etwa 4 Kugeln Vanilleeis mit den Erdbeeren und der Sauermilch im Mixerglas pürieren. Mit dem Honig süßen. Rasch servieren. Nach Belieben eine Erdbeere auf einen Trinkhalm stecken. Sieht sehr dekorativ aus!

Variante: Bei Verwendung anderer Beeren ist es ratsam, das Püree durch ein Chromstahlsieb zu streichen (wegen der Steinchen und teils wegen der Häutchen).

Erdbeerfrappé (vorne rechts)
Erdbeercocktail (Mitte links),
Rezept Seite 81
Sommerbowle (hinten),
Rezept Seite 81

Brombeergelee mit Zitronengras

- *1 kg Brombeeren*
- *3 Stengel Zitronengras*
- *750 g Gelierzucker*
- *1 Zitrone, abgeriebene Schale*
- *1 Beutel (5 g) Zitronensäure*

1. Die Beeren in einem Topf aufkochen und ca. 10 Minuten auf kleinem Feuer köcheln lassen. Durch ein Sieb streichen.

2. Die inneren zarten Blätter eines Stengels Zitronengras in feine Ringe schneiden. Die beiden andern Stengel zweimal brechen.

3. 750 ml/7,5 dl ausgekühlten Brombeersaft, Gelierzucker, Zitronengras (Stengel und Ringe), abgeriebene Zitronenschale und Zitronensäure unter Rühren 4 Minuten sprudelnd kochen lassen. Zitronenstengel entfernen.

4. Das Brombeergelee in heiß ausgespülte Gläser mit Schraubverschluß füllen und gut verschließen.

Produkte: Zitronengras ist in Asienläden erhältlich.

Holunder-Apfel-Gelee

- *800 g Äpfel*
- *½ l Holundersaft (480 g Dolden ergeben 250 ml/2,5 dl Saft)*
- *1 kg Gelierzucker*
- *½ Zitrone, Saft*

1. Die Äpfel schälen, vierteln und das Kerngehäuse entfernen. Apfelviertel in kleine Stücke schneiden.

2. Äpfel, Holundersaft, Gelierzucker und Zitronensaft in einen großen Topf geben. Unter Rühren aufkochen und 4 Minuten sprudelnd kochen lassen. Das Gelee hat die richtige Konsistenz, wenn es zähflüssig vom Kochlöffel reißt.

3. Das Gelee in heiß ausgespülte Gläser mit Schraubverschluß füllen und gut verschließen.

Preiselbeermus mit Honig (vorn links), Rezept Seite 86
Brombeergelee mit Zitronengras (Mitte rechts)
Brombeer-Holunder-Marmelade (Mitte links), Rezept Seite 86
Sauersüßes Preiselbeer-Chutney (Mitte rechts), Rezept Seite 91
Holunder-Apfel-Gelee (Mitte hinten)

Brombeer-Holunder-Marmelade

- *600 g Brombeeren*
- *400 g reife Holunderbeeren*
- *1 kg Gelierzucker*

1. Brombeeren, Holunderbeeren und Gelierzucker aufkochen und 5 Minuten sprudelnd kochen.

2. Die Marmelade in heiß ausgespülte Gläser mit Schraubverschluß füllen und gut verschließen.

Abbildung Seite 85

Preiselbeermus mit Honig

- *1 kg Preiselbeeren*
- *250 g Vollrohrzucker*
- *1 Msp Gewürznelkenpulver*
- *250 g Honig*

1. Preiselbeeren mit dem Zucker mischen, dabei die Beeren etwas zerdrücken. 2 Stunden ziehen lassen.

2. Preiselbeeren unter Rühren aufkochen. Das Gewürznelkenpulver dazugeben. 2 Stunden zugedeckt köcheln lassen.

3. Den Honig unter das Preiselbeermus rühren, abermals aufkochen.

4. Das Preiselbeermus in heiß ausgespülte Gläser mit Schraubverschluß füllen und gut verschließen.

Tip: Zu Grießköpfchen servieren.

Abbildung Seite 85

Cassislikör

für 1,5 l Likör

- *750 g schwarze Johannisbeeren*
- *350 g schwarze Kirschen, entstielt*
- *400 g Himbeeren*
- *1 l Obstbranntwein*
- *300 g Zucker je Liter Saft*
- *100 ml/1 dl Wasser*

Abbildung Seite 89

1. Die Johannisbeeren unter fließendem Wasser waschen, erst jetzt von den Rispen streifen.

2. Die Kirschen mit einem Messer einschneiden; Entsteinen ist nicht notwendig.

3. Johannisbeeren, Himbeeren und Kirschen in gut schließende Einmachgläser füllen. Mit dem Obstbranntwein auffüllen. Gläser schließen. Die Gläser während zweier Monaten oder während des ganzen Sommers an einem warmem Ort oder sogar an der Sonne stehen lassen.

4. Den Glasinhalt zuerst durch ein Sieb gießen, dabei den Saft auffangen. Nun den Saft durch ein Mulltuch (Gazetuch) abseihen.

5. Den aufgefangenen Saft abmessen. Auf einen Liter Saft kommen 300 g Zucker.

6. Saft, Zucker und Wasser aufkochen, einige Minuten köcheln lassen. Wichtig: Die Wassermenge muß auch bei mehr Saft nicht erhöht werden, da es lediglich zum Auflösen des Zuckers gebraucht wird. Likör kurze Zeit stehen lassen, ab und zu rühren, bis Zucker und Saft sich gut vermischt haben. Dann den Likör nochmals durch das Mulltuch (Gazetuch) abseihen und in gut schließende Flaschen füllen.

Tip: Die Kirschen nicht wegwerfen, sie ergeben köstliche Pralinen. Dazu die Kirschen in geschmolzene Schokolade-Kuchenglasur tauchen, in Pralinenhütchen setzen und fest werden lassen.

Himbeeressig

ergibt $^3/_4$ l Essig

- *250 g Himbeeren*
- *$^1/_2$ l guter Weißweinessig*

1. Nur absolut frische, schöne Himbeeren in ein Gefäß mit Verschluß füllen. Den Essig dazugießen. Gut verschließen.

2. Den Essig mindestens 1 Woche ziehen lassen, dabei das Gefäß täglich vorsichtig bewegen.

3. Den Essig abseihen und in eine gut schließende Flasche füllen.

Produkteinfo: Der Himbeeressig sollte innert 4 Wochen aufgebraucht sein.

Stachelbeermarmelade

- *500 g Stachelbeeren*
- *250 g Aprikosen*
- *500 g Gelierzucker*

1. Die Aprikosen halbieren, entsteinen und den Stielansatz wegschneiden. Die Fruchthälften in kleine Stücke schneiden.

2. Aprikosen, Stachelbeeren und die Hälfte des Gelierzuckers aufkochen, unter ständigem Rühren 1 Minute sprudelnd kochen lassen. Den restlichen Zucker dazugeben, weitere 3 Minuten sprudelnd kochen lassen.

*Himbeeressig (Mitte vorn)
Stachelbeermarmelade (hinten links)
Cassislikör (hinten rechts), Rezept Seite 87*

Himbeersirup

ergibt ca. 700 ml/7 dl Sirup

- *1 kg Himbeeren*
- *100 ml/1 dl Wasser*
- *250 g Zucker*

1. Die Himbeeren und das Wasser in einen Topf geben und die Früchte mit einer Gabel zerdrücken. Den Topfinhalt aufkochen und bei kleiner Hitze zugedeckt ca. 10 Minuten köcheln lassen, bis die Beeren allen Saft abgegeben haben. Den Topfinhalt durch ein Sieb gießen und den Saft auffangen. Die Rückstände leicht ausdrücken. Nun den Saft durch ein Mulltuch (Gazetuch) abseihen.

2. Himbeersaft und Zucker unter Rühren aufkochen. Abschäumen und in vorgewärmte Flaschen füllen. Gut verschließen.

Holundersirup

ergibt ca. 800 ml/8 dl Sirup

- *1 kg Holunderbeeren*
- *250 ml/2,5 dl Wasser*
- *1 Zitrone, Saft*
- *250 g Zucker je 1/2 l Saft*

1. Holunderbeeren, Wasser und Zitronensaft aufkochen. Auf kleinem Feuer 10 Minuten köcheln lassen.

2. Den Topfinhalt durch ein Sieb gießen und den Saft auffangen. Nun den Saft durch ein Mulltuch (Gazetuch) abseihen.

3. Den aufgefangenen Holundersaft abmessen und mit der richtigen Zuckermenge in den Topf geben und aufkochen. 5 Minuten auf kleinem Feuer kochen lassen. Schaum abschöpfen.

4. Den Sirup in Flaschen füllen und verschließen.

Sauersüsses Preiselbeer-Chutney

- *2 große Birnen*
- *1 großer säuerlicher Apfel*
- *1 Stück Ingwer*
- *600 g Preiselbeeren*
- *100 ml/1 dl Essig*
- *1 kleines Stück Zimt*
- *1 Lorbeerblatt*
- *1/2 TL Cayenne*
- *600 g Gelierzucker*

1. Die Birnen schälen, das Kerngehäuse entfernen und die Früchte in kleine Würfel schneiden. Den Apfel mit der Bircher-Rohkostreibe reiben. Den Ingwer schälen und fein reiben.

2. Sämtliche Zutaten aufkochen und auf kleinem Feuer köcheln lassen, bis das Chutney die Konsistenz einer Marmelade hat. Zimt und Lorbeerblatt entfernen. Das Chutney noch heiß in vorgewärmte Gläser füllen. Verschließen.

Tip: Paßt zu Suppenfleisch und Curry.

Abbildung Seite 85

Stachelbeer-Chutney

- *1,2 kg grüne Stachelbeeren (unreife)*
- *300 ml/3 dl Weißweinessig*
- *100 g Zwiebeln, grob gehackt*
- *20 g frische Ingwerwurzel, geschält und gerieben*
- *1 frische rote Pfefferschote/ Peperoncino, in Ringen*
- *1/2 TL weißer Pfeffer aus der Mühle*
- *1/2 TL Zimt*
- *450 g Vollrohrzucker*
- *50 g Rosinen*

1. Die Stachelbeeren mit dem Essig aufkochen, 10 Minuten zugedeckt auf kleinem Feuer köcheln lassen. Sämtliche Zutaten dazugeben, aufkochen und auf kleinem Feuer so lange kochen lassen, bis die Masse dicklich ist und die Konsistenz einer Marmelade hat. Noch heiß in vorgewärmte Gläser füllen. Sofort verschließen.

Tip: Paßt zu Curry, Suppenfleisch, Geflügel und Fondue bourgnignonne.

Haltbarkeit: Ungeöffnet an einem kühlen Ort 4 Monate.

Abbildung Seite 93

Brombeer-Senf-Sauce

- *100 ml/1 dl Rotwein*
- *1 EL Senf*
- *2 EL Beerengelee, z. B. Holundergelee*
- *Pfeffer aus der Mühle*
- *4 Scheiben Ananas, frisch oder aus der Dose, klein gewürfelt*
- *250 g Brombeeren*
- *2 EL Orangeat*

1. Den Rotwein zusammen mit dem Senf und dem Beerengelee aufkochen, 10 Minuten kochen lassen. Mit Pfeffer würzen.

2. Ananaswürfelchen, Brombeeren und Orangeat zur Sauce geben. 1 bis 2 Minuten köcheln lassen. In Gläser füllen.

Tip: Paßt zu Wild und Curry.

Himbeer-Hotsauce

- *250 g Himbeeren*
- *1/2 TL Meersalz*
- *2 EL Vollrohrzucker*
- *1 Knoblauchzehe, durchgepreßt*
- *viel Chilipulver*
- *2 EL Balsam-Essig*
- *1 Zitrone, abgeriebene Schale*
- *1 EL Maispuder*

1. Himbeeren pürieren und durch ein Sieb streichen.

2. Sämtliche Zutaten unter Rühren aufkochen, 1 bis 2 Minuten köcheln lassen.

Tip: Paßt zu Hamburger, noch besser zu Fisch-Hamburger und zu Grilladen.

Himbeer-Hotsauce (vorne rechts)
Brombeer-Senf-Sauce (Mitte links)
Stachelbeer-Chutney (Mitte hinten),
Rezept Seite 91